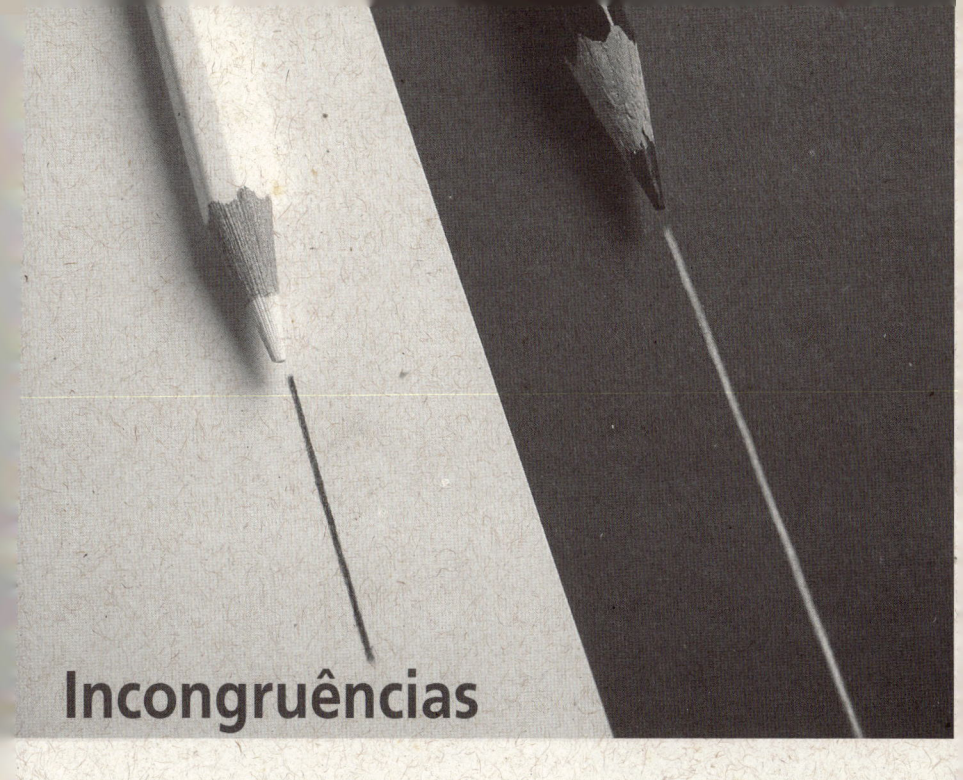

Incongruências

Incongruências

uma nova forma de ensinar no século XXI
Sônia Grácia Pucci Medina

EDITORA
HORIZONTE

Copyright©2007
Sônia Grácia Pucci Medina

Editora
Eliane Alves de Oliveira

Conselho Editorial
Andrea Hossne; Cecilia Salles; Cíntia Moscovich
Ciro Marcondes; Flávio Carneiro; José Coelho Sobrinho
Luiz Ruffato; Mônica Ribeiro; Regina Dalcastagnè

Capa
Heloísa Hernandez

Revisão
Lia Ao

Diagramação
Editora Horizonte em
Garamond 10,9/13,2pt

Impressão
Gráfica Assahi, São Bernardo do Campo, maio de 2007.

Papel
Reciclato 75g

Editora Horizonte
Rua dos Lírios, 46
13280-000 – Vinhedo – SP
Telefax: (19) 3876-5162
editora@editorahorizonte.com.br
www.editorahorizonte.com.br

Em memória do amigo e confidente Paulo Correa dos Santos.

*Aos meus filhos Marco Antonio, Luciana, Carolina
e meu neto João Victor cúmplices desta história.*

*Ao Amorim, Marcos, Haydeé, João e Francisca
que embarcaram em meus sonhos.*

Sumário

Prefácio, 9
Tudo começa assim..., 11
Incongruências, 15
Descontinuidade, 23
Aprender: o paradigma emergente, 27
Educação transpessoal, 32
Aprender é transformar, 34
Medo do sucesso, 39
Trabalhando todo o cérebro, 45
Precisamos inovar, 52
A necessidade de transcender a cultura, 59
O caminho, 66
Uma visão de mundo: educação para a cidadania, 73
E agora, por onde começar?, 77
Referências bibliográficas, 94

Prefácio

Não sei que razões levaram a devotada educadora e refinada comunicóloga, Sônia Pucci, a convidar-me para prefaciar este deleitoso livro que trata com esmero a educação na era da comunicação. Provavelmente, nossa amizade pesou e muito nessa escolha parcial.

Limitações deste escriba à parte, senti-me seduzido, ainda nos pródomos da leitura, pela proposta que começava a ser esboçada. À medida que nele adentrei, vi-me diante de um trabalho sério, muito sério, encorpado pelos anos, destinado a despertar reflexões e de tornar-se fonte de consultas.

O enfeitiçamento provocado pela franqueza e firmeza dos propósitos expostos, sem concessões a resvalos academicistas e sim prenhes de consistência, despertaram-me a salutar vontade de vê-los saltar do papel e aliançarem-se à realidade.

O uso conjunto dos hemisférios direito e esquerdo do cérebro, matrimônio da linguagem com a criatividade, nele ganha vida e com ele o raiar de novos paradigmas do conhecimento.

O livro mostra-nos com muito cuidado, em cada página e com singular nobreza, o que se está fazendo e o muito ainda a ser feito. Deixa entrever, sem pessimismo, que as resistências às mudanças não decorrem apenas do não querer mudar, mas sim de não estarmos ainda preparados, municiados suficientemente bem, para transmissão e uso dessa mudança.

É preciso, pois, começar ou dar continuidade a trabalhos iniciados há anos, incorporando a essa tarefa o espírito de cruzada.

O filão dessa desafiante missão encontra-se aqui esboçado e ávido à cata de nobres espíritos para seu pleno desabrochamento.

O século XXI certamente será o palco dessa almejada mudança e contará com o teor deste livro, dentre outros existentes, para consubstanciar tal metamorfose.

Tarquínio Prisco Lemos da Silva
Vice-Reitor da Universidade Veiga de Almeida
Rio de Janeiro

Tudo começa assim...

Pensar é uma coisa embaraçosa, particularmente quando penso na minha própria experiência e procuro extrair dela a significação que parece ser genuinamente inerente a ela. Daí, segundo a minha experiência, eu não posso ensinar a outra pessoa a maneira de ensinar. Trata-se de uma tentativa que é, para mim, a longo prazo, vã.

(Roger´s, 1982, p. 253-254)

Este livro *Incongruências: uma nova forma de ensinar no século XXI*, propõe uma reflexão no processo de ensino e aprendizagem após a Era Industrial e o advento de Novas Tecnologias.

Desde a década de 70, tenho lido Carl Roger's e o aprender a partir do conhecimento do eu interior; Jean Piaget e o processo de construção da aprendizagem; Paulo Freire e o processo de educar sem exclusões; Alvin Toffler e a educação prossumista; Fritjof Capra e a educação sustentável; Leonardo Boff e o processo do aprender para a felicidade.

A escola rogeriana, da autodescoberta e do auto-aprendizado possui suas raízes em Soeren Kierkegaard, filósofo dinamarquês, que chegara a uma conclusão partindo de sua própria experiência em aprender, e a exprimira com toda a clareza no século XVIII.

Quando ensino, fico preocupada com os resultados, porque, por vezes, o ensino parece ser bem sucedido. Quando isso acontece, verifico que os resultados são prejudiciais e parecem levar o indivíduo a desconfiar da sua própria experiência, o que destrói a aquisição de conhecimentos significativa. Por isso, sinto que os resultados do ensino ou não têm importância ou são perniciosos.

Observei estas posturas durante minha permanência como coordenadora e depois diretora da COOPEVA – Cooperativa Educacional de Vilas do Atlântico, no município de Lauro de Freitas, no bairro Vilas do Atlântico, região metropolitana de Salvador, na Bahia, ou mesmo quando idealizei e criei minha escola técnica de informática: CIM – Centro de Informática de Marília, com o curso de Habilitação Plena IV de Técnico em Processamento de Dados.

Escrever sobre educação no século XXI, é fazer uma análise dos fatos experimentados, e que chamo de Novos Paradigmas do Conhecimento. Estes novos métodos baseiam-se em uma leitura macro sobre ensino e aprendizagem numa sociedade cada vez mais informada, mas com pouca conexão entre educação e comunicação.

Diante de uma leitura do cotidiano, a prática destes novos paradigmas constituem uma realidade, e a educação não está exercendo influência e participação direta neste processo. A comunicação interfere no modelo educacional de forma a mudar conceitos e a educação ainda se mostra passiva diante do perigo iminente a que estamos sendo submetidos pela mídia.

O jornal *A Folha de São Paulo* (1995) trouxe uma matéria sobre as inquietações do Ministério da Educação que se deparava com uma situação catastrófica no ensino da atual geração e daí muitas perguntas se faziam:

1) Como estão se formando as gerações do futuro nas escolas de primeiro e segundo graus?

2) Quais são as contribuições que o ensino está oferecendo para a vida prática e intelectual do cidadão?

3) Como estão formando nossos filhos na educação formal, para ser um futuro cidadão auto-sustentável e cooperativo com a sociedade?

4) O que se entende por cidadão auto-sustentável e cooperativo com a sociedade?

5) Como orientar as escolas e os alunos para que cooperem em suas próprias comunidades, dentro das escolas que estudam, no futuro ambiente de trabalho, no bairro onde vivem, na cidade, em seu estado, no seu país, independente da classe social de cada um?

6) Como orientar a comunidade acadêmica na utilização de novos recursos e novas tecnologias sem os ranços de velhos procedimentos e velhas maneiras de transmitir, ensinar e pensar?

Em busca de resposta para as questões apresentadas acima quero mostrar de que maneira podemos contribuir, como educadores do século XXI, na orientação de nossas crianças, jovens, adolescentes e adultos, para que, a curto e médio prazo, consigamos transformar para melhor a qualidade de vida de nossa sociedade.

Numa visão prospectiva, o homem volta a ter maior contato com o sistema natural. O ser humano volta a ser valorizado pelo que sabe fazer. Volta a ser cooperativo em sua sociedade, formando cooperativas, associações, entre outros, ensinando seus semelhantes sobre tudo o que sabe, por meio de uma educação formal e informal.

Pode-se perceber que o sistema de comunicação brasileiro, através da televisão, começou a dedicar alguns programas para a educação à distância, como "Telecurso 2000", "Globo Ecologia", "Globo Ciência", "Pequenas Empresas, Grandes Negócios", "Globo Rural", entre outros programas educativos.

No Brasil ainda não existe uma rede de ensino onde a escola

tenha um sistema eficiente que proporcione uma postura de autonomia e cooperação aos alunos e às comunidades onde vivem.

O que se nota, é o início de uma transformação no comportamento de algumas escolas, em que a coordenação e o corpo docente estão mais estimulados.

O projeto Amigos da Escola vem trazendo esta visão solidária e participativa de toda a comunidade, principalmente a dos jovens estudantes universitários.

Projetos como Escola do Futuro da Universidade de São Paulo, mostram que a escola sem conexão entre aluno-professor-comunidade não poderá mais existir, o trabalho tem que ser iniciado imediatamente, pois segundo a visão prospectiva de McLuhan, na década de 60, o sistema educacional brasileiro está atrasado em pelo menos 30 anos.

Incongruências

Estamos no amanhecer da compreensão de nosso lugar no universo e dos espetaculares poderes latentes que possuímos, quais sejam a flexibilidade e a transcendência de que somos capazes.

As aberturas científicas estão lançando um desafio: se nossas memórias são tão absorventes como as pesquisas têm demonstrado, a percepção tão ampla, os cérebros e corpos tão sensíveis; se podemos determinar modificações em nossa fisiologia ao nível de uma simples célula; se somos herdeiros de tamanha virtuosidade evolucionária – como podemos estar agindo e aprendendo em níveis tão medíocres? Se somos tão ricos, por que não somos espertos?

Quero tratar do aprendizado em seu sentido mais amplo. Tratar de nossas surpreendentes capacidades, de novas fontes de conhecimento, de eficiência e criatividade. Tratar do aprendiz interior, esperando para ser livre. Tratar também de como o aprendiz perdeu a liberdade na grande incapacidade de aprendizagem de nossa cultura, um sistema educacional que dá ênfase ao ser correto, a expensas do ser aberto.

Começo a ver a inquietação e as doenças de nossas vidas adultas como padrões elaborados, os quais emergiram de um sistema que nos ensinou, como jovens, a nos mantermos parados, a olharmos para trás, aceitarmos a autoridade e construirmos certezas.

O medo do aprendizado e da transformação é o inevitável produto de tal sistema. Eis o pungente paradoxo humano: um cérebro moldável, capaz de infinita autotranscendência e, ao mesmo tempo, capaz de ser condicionado a um comportamento autolimitador. Isso é evidente mesmo em bebês recém-nascidos, que técnicas de pesquisa revelaram ser incrivelmente sensíveis, buscando padrões, reagindo a emoções sutis na voz humana, sendo atraídos por rostos e discriminando cores. Mas a ciência demonstrou também com que facilidade os bebês recém-nascidos podem ser programados e condicionados a responder a uma luz ou campainha, de forma semelhante a dos cães que salivavam nas famosas experiências de Pavlov. Tanto Teilhard de Chardin (2001) quanto Skinner (2003) estavam certos: somos capazes de saltos evolucionários e de condicionamentos em compartimentos.

Só se pode ter uma nova sociedade, dizem os visionários, se for modificada a educação da geração mais jovem. Contudo, a nova sociedade é a força necessária para a mudança na educação. É como no velho dilema: não se pode conseguir um emprego sem experiência, mas não se pode obter experiência quando não se consegue um emprego.

As escolas são burocracias arraigadas, cujos profissionais não competem em negócios, não necessitam ser reeleitos ou atrair pacientes, fregueses ou clientes.

Os educadores que gostariam de inovar têm relativamente pouca autoridade para modificar o sistema. O consumidor não pode simplesmente boicotar essa instituição.

Em consenso, a Educação é uma das instituições menos dinâmicas, ficando muito atrás da Medicina, Psicologia, Política, meios de comunicação e outros elementos da nossa sociedade.

Trava-se uma luta pacífica dentro do sistema. Na educação, há heróis, como sempre houve, procurando transcender os limites da antiga estrutura; seus esforços, porém, são, com freqüência, obstados pelos colegas, administradores e pais.

Se não estamos aprendendo e ensinando, não estamos

despertos e vivos. O aprendizado não é apenas como a saúde, é a saúde.

Como a maior influência social durante os anos de formação, as escolas têm sido o instrumento de nossa maior negação, inconsciência, conformismo e conexões rompidas. Assim como a medicina alopática trata dos sintomas sem se preocupar com o sistema como um todo, as escolas fragmentam o conhecimento e a experiência em matérias, incessantemente transformando o todo em partes, flores em pétalas, história em acontecimentos, sem jamais restaurar a continuidade.

Pior ainda, não apenas a mente fica partida, mas com freqüência também o espírito.

O ensino alopático produz o equivalente à doença iatrogênica, ou causada pelo médico. Ou seja, são deficiências do aprendizado causadas pelo professor. Podemos denominar essas doenças de pedogênicas. A criança, que pode ter chegado intacta ao colégio, com a coragem de arriscar e explorar, desabrochando, encontra tensão suficiente para fazê-la reduzir para sempre tal aventura.

Mesmo médicos, em seu apogeu como modelos divinos, jamais exerceram a autoridade de um professor, que pode proporcionar prêmios, fracassos, amor, humilhação e informações a um grande número de jovens vulneráveis e de certa forma indefesos.

A doença, o sentimento de desconforto a nosso próprio respeito, provavelmente tem início, para muitos de nós, nas salas de aula. Um clínico de biofeedback observou que a correlação entre lembranças desagradáveis e estímulos do corpo pode ser demonstrada. Se a um paciente de biofeedback for pedido que recorde os seus tempos de escola, o feedback indica alarme imediato. Em encontros de associações de pais e professores, todos os adultos solicitados a descreverem um incidente escolar, registraram um acontecimento negativo ou traumático. Muitos adultos descrevem pesadelos, em que se encontram na escola, outra vez, atrasados para as aulas ou tendo deixado de preparar alguma tarefa.

Quase todos parecemos ter com as escolas alguns conflitos não-resolvidos. Esse resíduo de ansiedade pode ainda nos intimidar em algum nível da consciência; pode até nos afastar para sempre de desafios e novos aprendizados.

Lembro-me de impressionante pesquisa que associa características de personalidades a doenças; a dificuldade do paciente de câncer em expressar aflição ou raiva, por exemplo, ou a obsessão do paciente cardíaco com horários e realizações.

- Será possível que as nossas escolas autoritárias, impulsionadas por conquistas, indutoras do medo, cumpridoras de horários, tenham ajudado a nos ajustarmos à doença de nossa escolha?
- Teríamos sido desencorajados a expressar sinceramente aborrecimento, tristeza e frustrações?
- Teríamos sido levados a competir e a temer atrasos e prazos?

Quando o jovem necessita de algum tipo de iniciação em um mundo incerto, o que lhe fornecemos são os ossos do cemitério da cultura. Quando necessita fazer alguma coisa concreta, nós lhe damos uma tarefa abstrata, lacunas a serem preenchidas com respostas múltipla escolha, para verificar se pode escolher a resposta certa. Quando necessita encontrar significado, as escolas exigem dele memorização. A disciplina é divorciada da intuição; o padrão, das partes.

Se a integridade é saúde, a violência com que são tratados tanto o significado como a auto-imagem, pela maior parte das instituições educacionais, entendemos que esta é uma importante fonte de doença na nossa cultura, uma força que fragmenta até mesmo a criança vinda de um lar seguro e cheio de amor. O trauma da fragmentação começa com as primeiras negações do sentimento, com as primeiras perguntas reprimidas, com a angústia abafada do tédio.

O que se pretende investigar?

• Uma escola continuadora da educação doméstica que necessita atualizar-se diante do novo;
• A valorização de alunos e professores, para exercerem motivados e confiantes as mudanças que as novas tecnologias oferecem.

Quando li Postman e Weingartner (1985): "Inglês não é história, história não é ciência, ciência não é arte, arte não é música, arte e música são matérias de menor importância; inglês, história e ciência são matérias importantes, uma matéria é algo que você 'aprende', e quando aprende, fica 'sabendo', e se fica 'sabendo', está imunizado e não precisa aprender de novo".

Ou como diz McInnis e Watson (1960): "Educadores preocupados com o ambiente físico da aprendizagem, que descreveram o seguinte processo: 'durante 12 anos confinamos o corpo da criança a um território limitado, sua energia a uma atividade limitada, seus sentidos a estímulos limitados, sua sociabilidade a um limitado número de companheiros, sua mente a uma limitada experiência do mundo à sua volta'. O que ela vai aprender?, perguntou McInnis. A não fazer aquilo que lhe interessa".

O potencial não utilizado foi ilustrado de modo dramático no Projeto Milwaukee, uma experiência dos anos 60, também conhecida como Operação Babynastch. Psicólogos da Universidade de Wisconsin conseguiram que cuidados especiais fossem dispensados a crianças nascidas de um grupo de mulheres no limiar da imbecilidade (Q.I. 70 ou menos). Em geral, quando essas crianças chegam aos 16 anos mostram uma inteligência tão pequena quanto às de suas mães. Como se pode presumir, uma mãe imbecil não pode estimular muito a mente de uma criança.

Quarenta bebês foram levados de seus lares para um centro

universitário, onde brincaram e cantaram com professores, que estimulanram-nos também de outras formas. Mais tarde, eles aprenderam a andar em pequenos grupos. Quando essas crianças tinham quatro anos, obtiveram resultado 128 em um teste e 132 em outro, dentro da faixa que os psicólogos classificam de "intelectualmente dotados". Essas crianças submetidas a experiências foram mais brilhantes do que crianças típicas de um lar superior, de classe média.

Podemos perceber porque uma reforma fragmentada é inútil, pois os problemas se reportam às nossas velhas noções sobre a natureza humana e estão intrincadamente relacionados. As incapacidades da educação convencional em ensinar as habilidades básicas e o fracasso em fomentar a auto-estima são parte das mesmas arranhadas más administrações e má percepção.

As experiências empíricas vividas em meu dia-a-dia, com observações de outros autores constatam problemas que devem, numa visão prospectiva, contribuir para o desenvolvimento reflexivo das potencialidades humanas.

Talvez o movimento de busca das bases devesse ser canalizado mais para o fundo, para os fundamentos básicos, os princípios e as relações subjacentes, a verdadeira educação universal. Então, poderemos reaver nosso senso de lugar.

Somente uma nova perspectiva pode gerar um currículo e novos níveis de ajustamento. Assim como os partidos políticos são periféricos à mudança na distribuição do poder, as escolas não estão no primeiro plano para a mudança do ensino.

Forças sutis se encontram em ação, fatores que provavelmente não serão vistos nas principais manchetes. Por exemplo, dezenas de milhares de professores, consultores e psicólogos educacionais, conselheiros, administradores, pesquisadores e membros do corpo docente de faculdades de pedagogia e de comunicação social, têm figurado entre os milhões empenhados na transformação pessoal.

Só há pouco tempo, eles começaram a se unir regional e

nacionalmente para compartilhar estratégias e conspirar para o ensino de tudo aquilo que mais prezam: liberdade, expectativas elevadas, consciência, padrões, conexões e criatividade.

Estes profissionais estão ansiosos por compartilhar suas descobertas com os colegas que estiverem dispostos a escutá-los. E muitos estão dispostos, veteranos de movimentos anteriores, parcialmente bem-sucedidos, para a humanização das escolas. Eles têm aprendido muito. Assim como o ativismo social de anos não muito remotos, deslocou-se da confrontação para a cooperação, e da solução de problemas externos para os internos, os reformadores educacionais estão mudando sua ênfase. E há poder na nova associação de pais e educadores. Professores, administradores, membros das associações escolares e simpatizantes, estão trabalhando juntos, em vez de se confrontarem.

Essas redes dispõem de um aliado na pesquisa científica. Estamos começando a perceber, com ofuscante clareza, que muitos dos nossos métodos têm sido antinaturais e por isso seus resultados eram tão fracos, se é que havia resultados.

A pesquisa sobre o funcionamento do cérebro e sobre a consciência demonstra que o ensino deve mudar se quisermos explorar nosso potencial.

Uma outra forte razão para a mudança: **a crise**. Todos os fracassos da educação, como uma febre, indicam uma profunda luta pela saúde. O objetivo é um diagnóstico tranqüilo dessa doença, tornar claro que uma síntese é necessária, uma mudança de paradigma, e não uma modificação pendular.

Se a educação está sendo ampliada com novas tecnologias, apresenta-se uma força formidável para alteração de seus contornos, a competição. É no aprendizado que se pode encontrá-la: em "Vila Sésamo", em diálogos interiores e no Zen de todas as coisas, no ensino e aprendizado a respeito de cooperativas, em computadores, em rádios FM, em livros de auto-ajuda, em revistas, cd´s e documentários de televisão.

A força mais potente para a mudança, entretanto, é o

crescente reconhecimento de milhões de adultos de que suas empobrecidas expectativas e frustrações provêm, em grande parte, de sua escolarização falha.

Uma nova leitura do ambiente em que vivemos é a principal ferramenta para uma percepção cotidiana real. Uma leitura silenciosa, sem palavras, mas com relações entre o que faço, com quem vivo, qual minha comunidade e o macro cosmos.

A releitura proposta é a das relações entre o micro e o macro. Não posso falar de uma árvore de forma fragmentada como muitos livros didáticos o fazem, constatando que possui raiz, tronco, flores e frutos; necessário se faz saber a sombra que produz, a fome que mata, o perfume que exala e o benefício de sua existência para as gerações futuras.

A visão humana deve ir além do território ocular: ver compreende ler com o coração. A leitura deve ser sistêmica, holística e prospectiva. O universo deve ser lido como uma rede interligada de relações. Tudo existe em função de uma única relação:

"Possuir sabedoria é perceber a conexão existente entre o diabólico e o simbólico. Devemos retirar o homem do pedestal em que o colocaram, fora e acima da natureza. Estabelecer um vínculo de solidariedade cósmica e inserir-se nela, pois nós somos a Terra e a partir daí a Terra é para nós." (Boff, 1998)

Descontinuidade

Através de experiências vividas como professora universitária, radialista, comunicadora social, coordenadora e diretora pedagógica, observei que nossas escolas, rotineiramente, punem e depreciam o jovem.

Talvez isso se deva ao fato de as escolas, tais como as conhecemos, terem sido concebidas muito antes de termos alguma compreensão do cérebro humano, para uma sociedade há muito ultrapassada. Além disso, as escolas se destinavam a proporcionar um conjunto específico de conhecimentos, numa época em que os conhecimentos pareciam estáveis e limitados.

Era suficiente dominar o conteúdo de alguns livros e cursos, aprender os truques de uma profissão, e já se estava pronto. O aluno aprendia aquilo que iria necessitar em seu campo. O profissional conhecia o seu ofício. Os conhecimentos eram mantidos em seus compartimentos adequados, as pessoas em seus departamentos. Na história muito curta da educação em massa, não muito mais do que um século, as escolas passaram do ensino de simples noções religiosas e da alfabetização fundamental à instrução nas artes e ciências sociais. A educação se tornou cada vez mais alta em termos de complexidade e sofisticação.

Sempre se presumiu, porém, que as escolas cumprissem o mandato da sociedade ou pelo menos dedicassem a esse mandato o máximo de seus esforços. Elas ensinavam obediência, produtividade ou qualquer outra característica que parecesse apropriada na época, produzindo professores para a escassez de professores, e cientistas depois que começamos a nos preocupar com um suposto atraso científico em relação à União Soviética, após o lançamento do Sputnik.

Se, atualmente, as pesquisas de opinião e alguns educadores estão dizendo que a sociedade valoriza a auto-realização acima de tudo, como vamos ensinar?

Milhões de pais se sentem desencantados com a educação convencional, alguns porque seus filhos não estão sequer adquirindo alfabetização, alguns porque as escolas são desumanizantes.

Em um estudo encomendado pela Associação Nacional de Cooperativas Educacionais (*Folha de São Paulo*, 1995, p.2), "Mudança de Currículo para o Século XXI", foi observado que estamos entrando em um período de grande descontinuidade, transformação e interdependência de pessoas e eventos. Devemos promover escolas alternativas, com ênfase à importância de desenvolver nos estudantes autoconfiança, iniciativa, bondade, espontaneidade, expediente, coragem, criatividade, responsabilidade e alegria.

Ironicamente, porque suas próprias estruturas tendem a paralisá-los, os sistemas escolares têm reagido de forma lenta, realizando novas descobertas cientfícas sobre a mente e sobre os valores em mutação na sociedade.

O conhecimento, de modo geral, penetra com grande lentidão nas escolas; os livros escolares e os currículos estão, de forma bastante característica, atrasados em anos, ou mesmo décadas com relação a qualquer outro campo. Exceto em nível universitário, em que a Educação é campo de novidades, especulações, rupturas ou pesquisas de primeira linha.

Como afirma Mário Fantini, ex-conselheiro da Fundação Ford para Educação, atualmente na Universidade do Estado de Nova York (1996): "A psicologia da transformação tem que ser contrabandeada para dentro das escolas".

Apesar disso, há razões para otimismo. Nosso erro tem sido presumir que devíamos começar pelas escolas. Este é um efeito da maneira como pensamos, e podemos mudar a maneira como pensamos.

Segundo John Williamson, ex-diretor de planejamento e de desenvolvimento de políticas para o Instituto Nacional de Educação dos Estados Unidos (1996): "A falácia dos movimentos de volta às bases e da vasta maioria dos esforços de reforma educacional neste país, tem sido o fracasso do nosso ponto de vista baseado no senso comum. Temos desprezado as variáveis críticas, as limitadoras convicções pessoais dos estudantes, os escrúpulos dos educadores, as intenções das comunidades".

Uma sociedade abalada por uma implosão de conhecimento, uma revolução na cultura e nas comunicações, não pode esperar que uma burocracia educacional enferrujada sancione sua pesquisa em busca de significado. O que sabemos hoje sobre a natureza irrompeu através de artifícios dos limites disciplinares; a tecnologia é acelerada, de forma que as carreiras tradicionais desapareçam e novas oportunidades se materializam. Novas informações estão surgindo ao mesmo tempo, estabelecendo pontes entre as disciplinas.

O sistema educacional tem sido assustadoramente lento em responder às nossas necessidades de mudança, mais lento que qualquer outra instituição. A um custo cada vez mais alto (quase 8% do Produto Nacional Bruto, contra 3,4%, em 1951), as velhas fórmulas não estão funcionando. Um novo instrumental e currículos reformulados não são suficientes. Um exemplo do mal emprego das verbas de educação em 1972 é descrito por Edith Green, membro do Congresso americano: que revelou que 60% das verbas do primeiro ano do programa federal "Direito à Leitura" foram utilizadas em despesas de decoração e não com pagamentos de profissionais técnicos.

Nenhum lar pode desfazer os efeitos do que Kozol (1998), descrevendo suas experiências em lecionar para crianças de guetos, denominou de Morte nos Primeiros Anos.

Buckminster Fuller observou, uma ocasião, que nem ele nem nenhum conhecido seu era um gênio: "Alguns de nós são apenas menos prejudicados do que outros". Como Margaret Mead, Fuller aprendeu basicamente em casa. Estudos revelaram que um impressionante número de pessoas destacadas e originais em suas realizações foram educadas em casa, estimuladas pelos pais ou outros parentes desde a infância, criadas para grandes expectativas.

Aprender: o paradigma emergente

As inovações na educação têm cruzado o céu como fogos de artifícios, e em sua maior parte se apagam rapidamente, deixando só o cheiro de desencanto no ar. Com freqüência, são dirigidas apenas a aspectos parciais da natureza humana, desencadeando escaramuças: ensino cognitivo *versus* ensino afetivo (emocional), estruturas livres *versus* estruturas organizadas.

Nossas escolas públicas foram destinadas, de forma bastante simplória, a criar um público modestamente alfabetizado, não para proporcionar uma educação qualitativa ou produzir grandes pensadores. Conta-nos Ferrière (1920), pedagogo suíço, a seguinte história sobre o diabo e a escola: "Um dia, deu o diabo uma saltada à terra e verificou, não sem despeito, que ainda cá se encontravam homens que acreditavam no bem, homens bons e felizes. O diabo concluiu, do seu ponto de vista, que as coisas não iam bem, e que se tornava necessário modificar isto. E disse consigo: 'A infância é o porvir da raça; comecemos, pois, pela infância'. Mas mudar a infância, como? De repente, teve uma idéia luminosa: criar a escola. E, seguindo o conselho do diabo, criou-se a escola.

"A criança adora a natureza: encerraram-na dentro de casas. A criança gosta de brincar: obrigam-na a trabalhar. A criança pretende saber se a sua atividade serve para qualquer coisa: fez-se com que a sua atividade não tivesse nenhum fim. Gosta de mexer-se: condenam-na à imobilidade. Gosta de palpar objetos: ei-la em contato com idéias. Quer servir-se das mãos: é o cérebro que lhe põem em jogo. Gosta de falar: impõem-lhe silêncio. Quer esmiuçar as coisas: constrangem-na a exercícios de memória. Pretende buscar a ciência de modo próprio: é-lhe servida já feita. Desejaria seguir a sua fantasia: fazem-na vergar sob o jugo do adulto. Quereria entusiasmar-se: inventaram-se os castigos. Quereria servir livremente: ensinou-se-lhe a obedecer passivamente. O diabo ria pela calada!"

Durante páginas a fio, Ferrière continua o seu requisitório contra a invenção diabólica que é a escola. Diz ele que não tardou que o regime desse frutos. A criança aprendeu a adaptar-se a estas condições artificiais. Dir-se-ia, por um instante, que a escola levava a melhor. O diabo julgava-se vitorioso. Mas, de súbito, a história vira-se do avesso. O diabo calculara mal o negócio: esquecera-se de fechar a escola a sete chaves. E viu-se a pequenada fugir para os bosques, trepar às árvores, e até fazer caretas ao pretenso homem de Deus. Viram-na correr à aventura, governarem a vida, tornarem-se fortes, práticas, engenhosas e perseverantes. O diabo, então, deixando de rir rangeu os dentes, ameaçou com o punho, berrou: maldita geringonça! E eclipsou-se. E com ele desapareceu a escola, que tão sabiamente imaginara.

As palavras de um pedagogo representam a moral da história, desafiando todos os professores a acabarem com estas coisas à moda antiga e a edificarem escolas novas.

A primeira parte da história nos coloca frente a verdades internacionais impostas como únicas construtoras do saber.

- Alunos graduados,
- Em classes graduadas,
- Composição homogênea,
- Professores atuando de forma individual,
- Horários rigidamente estabelecidos,
- Controle social do tempo escolar,

- Saberes organizados em disciplinas.

Na educação transpessoal, o aluno é encorajado a estar atento e autônomo, indagar, explorar todos os cantos e frestas da experiência consciente, procurar significado, testar os limites exteriores, e verificar as fronteiras e as profundidades do próprio eu.

No passado, a maior parte das alternativas educacionais oferecia somente mudanças pendulares, verticais; disciplina rígida (como nas escolas fundamentalistas) ou valores emocionais/afetivos (como na maioria das escolas livres).

Em contraste com a educação convencional, que visa ajustar o indivíduo à sociedade tal como esta existe, os educadores humanistas dos anos 60 afirmavam que a sociedade deveria aceitar seus membros como singulares e autônomos. A experiência transpessoal visa um novo tipo de aluno e um novo tipo de sociedade. Além da auto-aceitação, ela promove a auto-transcendência.

Limitar-se a humanizar o ambiente educacional foi ainda uma concessão ao *status quo*.

Em muitos casos, os reformadores temiam desafiar os educandos, com medo de forçá-los em demasia. Assim, mantiveram-se dentro dos velhos limites.

Quadro comparativo dos paradigmas educacionais

PRESSUPOSIÇÕES DO VELHO PARADIGMA DA EDUCAÇÃO	PRESSUPOSIÇÕES DO NOVO PARADIGMA DA EDUCAÇÃO
Ênfase no conteúdo, adquirindo um conjunto de informações "CORRETAS".	Ênfase em aprender a aprender, novos conceitos de avaliação e acesso à informação. O que agora se "SABE", pode mudar.
O aprendizado como um "PRODUTO", uma meta.	O aprendizado como um "PROCESSO", uma jornada.
Estrutura hierárquica e autoritária. Recompensa o conformismo e desencoraja a divergência.	Estrutura igualitária, sinceridade e divergências permitidas. Alunos e professores vêem uns aos outros como pessoas, não como funções. Encoraja a autonomia.
Estrutura rígida e currículo predeterminado.	Estrutura flexível. Crença que há muitos caminhos para se ensinar determinado assunto.
Progresso controlado, ênfase nas idades "APROPRIADAS" para certas atividades. Compartimentado.	Flexibilidade e integração das faixas etárias. O indivíduo não é automaticamente limitado em determinado assunto pela idade.
Prioridade para o desempenho.	Prioridade para a auto-imagem como geradora do desempenho.
Ênfase no mundo exterior. A experiência interior é com freqüência considerada inapropriada no ambiente escolar.	A experiência interior é encarada como contexto para o aprendizado. Uso de imagens, relatos de histórias, diários de sonhos, exercícios de centralização e encorajamento à exploração de sentimento.
Desencorajamento de conjecturas e do pensamento divergente.	Encorajamento das conjecturas e do pensamento divergente como parte do processo criativo.
Ênfase no pensamento analítico e linear, do cérebro esquerdo.	Empenho pela educação para todo o cérebro. Aumento da racionalidade do cérebro esquerdo com estratégias holísticas, não-lineares e intuitivas. Ênfase na confluência e fusão dos dois processos.

A rotulação (corretivo, talentoso, etc.) contribui para a auto-realização de vaticínios.	A rotulação tem apenas um papel prescrito mínimo e não é uma avaliação fixa que arruína a carreira educacional do indivíduo.
Preocupação com normas.	Preocupação com o desempenho do indivíduo em termos de potencial. Interesse em testar os limites exteriores transcendendo os limites visíveis.
Crença básica no conhecimento livresco, teórico e abstrato.	O conhecimento teórico e abstrato amplamente complementado por experimentos e pela experiência, dentro e fora das salas de aula. Viagens de estudo, introdução a novas experiências, demonstrações e visitas a especialistas.
Salas de aula planejadas para eficiência e conveniência.	Preocupação com o ambiente do aprendizado: iluminação, cores, arejamento, conforto físico, necessidade de privacidade e interação, atividades calmas e fartas.
Burocraticamente determinado, resistente à influência da comunidade.	Encorajamento à influência da comunidade, até mesmo do controle pela comunidade.
A educação é encarada como necessidade social durante um certo período de tempo, com o objetivo de inculcar habilidades mínimas e treinar para o desempenho de determinado papel.	A educação é vista como um processo que dura toda a vida, relacionado apenas tangencialmente com a escola.
O professor proporciona conhecimento; processo de mão única.	O professor é um educando também, aprendendo com seus alunos.
Aumento de confiança na tecnologia, desumanização.	Tecnologia apropriada. O relacionamento humano entre professores e aluno é de fundamental importância.

Elaborado pela autora.

Educação transpessoal

A educação transpessoal é mais humana que a educação tradicional e mais rigorosa, sob o aspecto intelectual, do que muitas alternativas anteriores. Ela se propõe a ajudar a transcendência e não a fornecer meras habilidades de ajustamento. É a contrapartida da medicina holística na educação, a educação da pessoa como um todo.

O influente jornal para administradores de escolas, *Phi Delta Kappan* (1990), observou que a educação transpessoal contém potencial para a solução de graves crises sociais, como a delinqüência juvenil, ao mesmo tempo que estimula o aprendizado. "Apesar de mal definido", disse o jornal, "esse movimento talvez seja a tendência dominante no cenário educacional de hoje, e pressagia uma importante revolução".

Como a saúde holística, a educação transpessoal pode ocorrer em qualquer lugar. Não precisa de escolas, mas seus adeptos acreditam que as escolas precisam deles.

Devido a seu poder na solução dos problemas e no despertar social, os adeptos conspiram para introduzir a filosofia nas salas de aula, em todos os graus, nas faculdades e universidades, com vistas ao treinamento para o trabalho e à educação de adultos.

Ao contrário da maioria das reformas educacionais do passado, ela está solidamente embutida na ciência: a teoria dos sistemas, a compreensão da integração do corpo e mente, o conhecimento das duas principais formas de consciência e de como elas interagem, e o potencial dos estados expandidos e alterados da consciência. A educação transpessoal dá ênfase à continuidade do conhecimento, em lugar de matérias, e ao campo comum da experiência humana, transcendendo diferenças étnicas ou de nacionalidade; ajuda ao educando na busca de significado, na necessidade de discernir formas e modelos, na fome de harmonia; aprofunda a percepção de como um paradigma se modifica, como a frustração e a luta precedem as descobertas.

A educação transpessoal promove ambientes amistosos para tarefas difíceis. Exalta o indivíduo e a sociedade, a liberdade e a responsabilidade, a singularidade e a interdependência, o mistério e a clareza, a tradição e a inovação. É complementar, paradoxal e dinâmica. É o meio-termo da educação.

O paradigma mais amplo busca a natureza do aprendizado, em vez de métodos de instrução. O aprendizado, afinal, não significa apenas escolas, professores, alfabetização, matemática, nota e resultados. É o processo através do qual vencemos cada passo do caminho, desde que respiramos pela primeira vez; a transformação que ocorre no cérebro, sempre que uma nova informação é integrada e uma nova habilidade dominada. O aprendizado aciona a mente do indivíduo. Qualquer outra coisa é mera escolarização.

O novo paradigma reflete não só as descobertas da ciência moderna, como também as descobertas da transformação pessoal.

Aprender é transformar

Pensem no educando como um sistema aberto, uma estrutura dissipada, em interação com o ambiente, recebendo informações, integrando-as, usando-as. O educando transforma o estímulo, ordenando-o e tornando a ordená-lo, criando coerência. Sua visão é continuamente ampliada para incorporar o que é novo. De tempos em tempos, rompe-se e é reformulada, como na aquisição de novos e importantes conceitos e habilidades como aprender a caminhar, falar, ler, nadar ou escrever, aprender uma língua estrangeira ou Geometria. Cada um desses eventos é um tipo de mudança de paradigma.

Uma modificação do aprendizado é precedida por uma tensão cuja intensidade obedece a uma sucessão: inquietação, excitação, tensão criativa, confusão, ansiedade, angústia, medo. A surpresa e o medo na aprendizagem são descritos por Castañeda (1970): "Vagarosamente ele começa a aprender, pouco a pouco no princípio, depois em grandes porções. E seus pensamentos logo entram em choque. O que ele aprende não é o que esperava ou imaginava e, desse modo, começa a sentir medo. Aprender jamais é o que uma pessoa espera. Cada passo do aprendizado é uma tarefa nova, e o medo que o homem experimenta começa a crescer de modo implacável e inflexível. Seu propósito se transforma num campo de batalha...".

Ele não deve fugir. Tem que desafiar seu medo e, apesar

dele, dar o passo seguinte do aprendizado, e outro, e mais outro. Deve sentir um medo profundo, mas mesmo assim não pode parar. Essa é a regra! E chegará um momento em que seu primeiro inimigo baterá em retirada. Aprender não mais será uma tarefa assustadora.

Na transformação, o professor percebe a disposição para a mudança, ajuda o seguidor ou aluno a reagir a necessidades mais complexas, transcendendo os velhos níveis de modo contínuo. O verdadeiro professor está também aprendendo e é transformado pelo relacionamento. Assim como um ditador não é um líder verdadeiro, porque não está aberto aos estímulos de seus seguidores, um professor que não seja aberto, é mero manipulador do poder, não é um verdadeiro professor.

O educador que não é aberto pode encher o aluno de informações. O educando, porém, vê-se privado de participação. Os estudantes, do mesmo modo que os cidadãos de uma ditadura, são incapazes de transmitir suas necessidades e sua disposição a quem supostamente deve facilitar-lhes o crescimento.

O professor aberto, como o bom terapeuta, estabelece um relacionamento harmônico, pressentindo necessidades não-verbalizadas, conflitos, esperanças e temores. Respeitando a autonomia do educando, o professor passa a maior parte do tempo ajudando a formular as perguntas prementes, e não exigindo respostas corretas.

O educando sente que a sua disposição é percebida pelo professor, bem como a confiança ou ceticismo deste. Lê as suas expectativas. O verdadeiro professor intui o nível de disposição, em seguida avalia, questiona e conduz. O professor concede tempo para a assimilação, até mesmo para um recuo, quando o processo se torna difícil demais.

Assim como não é possível ministrar a saúde holística, que deve iniciar-se com a vontade do paciente, o verdadeiro professor sabe que não se pode impor o aprendizado. O que é possível, como disse Galileu, é ajudar o indivíduo a descobrir o conhecimento que tem dentro de si. O professor aberto ajuda o educando a descobrir padrões e conexões, estimula possibilidades desconhecidas e facilita o surgimento de idéias. O professor é um timoneiro, um catalisador, um facilitador, um agente do aprendizado, mas não sua causa principal.

A confiança se aprofunda com o tempo e o professor se torna mais sintonizado, permitindo um aprendizado mais rápido e vigoroso.

Um professor apto a tal sintonização obviamente deve ter um saudável índice de auto-estima, pouca defensividade, poucas necessidades egocêntricas. O verdadeiro professor deve ser capaz de deixar passar, de errar, de permitir ao educando uma outra realidade. O educando que foi encorajado a escutar a autoridade interior é, de modo tácito, estimulado a divergir. A submissão à autoridade externa é sempre provisória e temporária. Como diz o provérbio oriental: "Se você encontrar Buda no caminho, mate-o".

Como o mestre espiritual que amplia ou mantém sã a auto-imagem do discípulo, despertando-o para o próprio potencial, o professor libera o "eu", abre os olhos, torna o educando consciente da opção. Só aprendemos aquilo que sempre soubemos.

Aprendemos a superar temores que nos continham. No relacionamento transformacional com um professor, chegamos até os limites, nossa paz é perturbada e somos desafiados.

O ambiente ideal para o aprendizado oferece bastante segurança para encorajar a exploração e o esforço, e estímulo suficiente para nos fazer avançar. Embora não seja condição única para a transformação/educação, um ambiente humanístico promove a confiança necessária.

Acreditamos nos professores que nos causam sofrimento, tensão ou fadiga, quando precisamos destas sensações. E nos ressentimos com aqueles que nos instigam pelo seu próprio ego, submetem-nos a tensões com dilemas, ou nos conduzem a águas profundas quando ainda temos medo do raso.

No entanto, uma tensão apropriada é essencial. O professor pode falhar na transformação quando se sente temeroso em perturbar o educando. "A verdadeira compaixão é implacável". Ou, como disse o poeta Apolinaire (1970):

"Cheguem até a borda, ele disse.

Eles responderam: Temos medo.

Cheguem até a borda, ele repetiu.

Eles chegaram.

Ele os empurrou... e eles voaram."

Aqueles que nos amam podem nos empurrar, quando nos encontramos prontos para voar. O professor brando demais reforça o desejo natural do educando de recuar e ficar a salvo, nunca se aventurando a um novo conhecimento, jamais se arriscando. O professor deve saber quando permitir que o educando lute, percebendo que a ajuda ou o consolo, mesmo quando solicitados, podem interromper a transformação negativamente, é esse mesmo bom senso que indica que o nadador deve deixar-se levar, que o ciclista deve atingir um novo equilíbrio interno. Mesmo em nome do amor e da compaixão, não devemos ser poupados do nosso aprendizado.

O risco traz suas próprias recompensas:

- A satisfação de romper barreiras,
- De chegar ao outro lado,
- O alívio de um conflito superado,
- A clareza de um paradoxo ao se resolver.

Quem quer que nos ensine isso, será o agente de nossa libertação. No fundo, sabemos que do outro lado de todos os medos, está a liberdade. Finalmente, devemos assumir a jornada, forçando-nos a superar as relutâncias, erros e confusões, a fim de atingirmos uma nova liberdade.

Uma vez que isso tenha acontecido, por mais contratempos ou desvios que possamos encontrar, empreendemos uma diferente caminhada na vida. Em algum ponto, encontra-se aquela nítida lembrança do processo de transformação: da escuridão para a luz, do perdido para o achado, do fragmentado para o intacto, do caos para a ordem, da limitação para a transcendência.

Para saber como aprendemos o medo e o domínio, o risco e a confiança, temos que examinar, no curso de nossa vida escolar, os primeiros mestres. Os pais são nossos modelos de exploração. Com eles, aprendemos a recuar ou a avançar. Fomos imbuídos com suas expectativas. Com freqüência, herdamos temores e ansiedades que percebemos neles. E, se não estivermos conscientes do ciclo, com toda a probabilidade iremos transmitir aos filhos, nossos próprios medos e os de nossos pais. Essa é a herança da inquietação, legada de geração a geração: medo de perder, falar, ficar para trás, ficar sozinho, não ser bom o suficiente.

Medo do sucesso

Recentes estudos do medo do sucesso, uma síndrome bastante comum, revelaram que a causa mais provável é o medo percebido nos pais de que a criança não conseguirá desempenhar a contento as tarefas que tem a cumprir. A criança percebe simultaneamente que a tarefa é considerada importante pelos pais, e que os pais duvidam de que ela possa desempenhar a tarefa sem auxílio.

Tal indivíduo estabelece para toda a vida um modelo de sabotagem de seus próprios êxitos, sempre que se encontra prestes a atingir uma vitória real.

Os pais, ao que parece, em sua maior parte, não se importam que os filhos sejam melhores do que eles, em determinadas coisas: obrigações escolares, esportes, popularidade. Há uma satisfação indireta quando um filho amplia as ambições de um pai. A maior parte dos pais, porém, não deseja que os filhos sejam diferentes. Desejamos ser capazes de compreendê-los, e desejamos que eles compartilhem nossos valores. Esse medo de um rebento diferente aparece na mitologia e em contos de ficção científica, sobre crianças que se encaixam em novas formas e não mais se submetem à fragilidade dos pais ou a seus limites mortais, como em Clarke (1982).

Se, como pais, sentimos medo de riscos e do desconhecido, estamos alertando nossos filhos contra a tentativa de vencer o sistema. Não reconhecemos seu direito a um mundo diferente. Em nome do ajustamento, podemos tentar separá-los de sua sensata rebelião. Em nome do equilíbrio, tentamos poupá-los de intensidades, obsessões e excessos. Em resumo, tentamos separá-los do desequilíbrio que permite que a transformação ocorra.

Um pai que mostra confiança na capacidade do filho em aprender, que encoraja a independência, que se opõe ao medo com humor ou sinceridade, pode quebrar os velhos grilhões dos problemas herdados. À medida que mais e mais adultos vêm se submetendo aos seus próprios processos de transformação, vão se conscientizando dessa trágica herança e constituem uma poderosa força para a mudança, historicamente, um fator novo.

A formação elementar da natureza humana é a formação da espécie para o amor, segundo Dora Incontri, obviamente não para um amor cego, mas para o amor vidente, um amor esclarecido. Há alguns aspectos principais que caracterizam esse amor vidente e pedagógico, recomendado por Pestalozzi (1826).

Na elaboração do seu famoso método, Pestalozzi enfatiza a trilogia cabeça, mão e coração, preconizando o desenvolvimento harmonioso e integral de todas as potencialidades humanas. O fio unificador e condutor dessas tripartições, que sempre se inter-relacionam, será o amor. E isso porque o amor é o único acesso possível à divindade interior do homem, a primeira e mais íntima instância do ser, que garante a superação de todas as contradições. O amor vidente é o amor capaz de reconhecer no homem seus aspectos em conflito, sua fragilidade e sua multiplicidade, e, ao mesmo tempo, não perder de vista sua unidade essencial.

Assim, o homem desvendado pelo amor vidente é o ser animal, é o ser social, mas é também o ser divino, cujo estofo é o amor. Ora, justamente o amor é vidente, é lúcido, porque sabe reconhecer a animalidade subjacente em todos os homens, e enxergar os pontos pelos quais ele pode frustrar sua realização moral, por suas tendências viciosas ou por más influências sociais. Mas é amor, porque sabe encontrar, sentir e fazer vibrar a corda divina da alma.

Desta forma, a educação não se limita à existência, deve agir sobre a essência, visando à autonomia moral e à transcendência espiritual do homem. A educação não pode consistir numa série de admoestações e correções, de prêmios e punições, de ordens e normas, que se sucedem sem unidade de esforço, nem vivacidade de execução.

A educação deve representar uma cadeia ininterrupta de providências derivadas de um princípio idêntico, do reconhecimento das imutáveis leis da nossa natureza; de providências ditadas por um espírito idêntico, o espírito da benevolência e da firmeza, e que tem em mira um objetivo similar, o de elevar o homem à verdadeira dignidade de ser espiritual. Devemos nos convencer de que o objetivo final da educação não é o de aperfeiçoar as noções escolares, mas sim o de preparar para a vida; não de dar o hábito da obediência cega e da diligência comandada, mas de preparar para o agir autônomo. Estudando Pestalozzi descobri que ao elaborar seu método, a percepção como base de toda a educação está em primeiro lugar, recusando a apreensão inicial, fundamental da realidade pela palavra.

Sua tese central é a de que o conteúdo deve sempre preceder a linguagem. Para ele, a linguagem não cria a realidade, apenas lhe dá vestimenta. Neste aspecto revela-se um sucessor de Rousseau. Antes de se chegar à formulação de um conceito, portanto, é preciso criar um lastro de experiências, observações e vivências, resumidas na percepção, para que a verbalização de uma idéia seja como um fruto maduro, de que as palavras representam apenas a casca. A semente e o fruto devem se constituir da seiva da realidade.

Esse requisito pestalozziano nos conduz a duas faces complementares da percepção: a exterior e a interior. O primeiro aspecto está relacionado com a percepção sensorial, com a observação do objeto pelo sujeito. Aí se pode aplicar uma de suas próprias definições para a percepção: a mera presença dos objetos exteriores diante dos sentidos e o mero movimento da consciência à sua impressão. Há assim, um contato direto e imediato entre sujeito e objeto, sendo que o primeiro se deixa impregnar pelas impressões externas, mas reage diante delas. A consciência se move ante a apreensão sensorial. Não se trata então de uma impressão passiva, numa linha puramente empirística. Por outro lado, se está longe da inferência idealista de que o sujeito criaria o próprio objeto, assim, considerando a existência de uma realidade objetiva diante do sujeito.

Duas características principais têm essa percepção exterior, processada segundo a natureza, que devemos imitar em nossos procedimentos pedagógicos: a lentidão e o equilíbrio dos estímulos que atingem diversas potencialidades do homem. O processo de se apoderar da realidade pela percepção é lento porque é preciso perceber, sentir, ouvir, captar, olhar, apalpar, verificar, cheirar, se apossar dos objetos com o deslumbramento e a calma necessários, partindo sempre da realidade mais próxima, para depois alargá-la. E é equilibrado, porque não se pode inclinar preferencialmente para nenhum objeto nem exercitar mais do que outro nenhum sentido ou nenhuma potencialidade do ser. Acredito no conceito de que, partindo do centro geral de sua influência ela (a natureza) atua sempre na natureza humana como uma pedra que cai em águas tranqüilas, alarga sua influência a partir do centro, mas em gradações iguais, abrindo-se até o infinito, isto é, até o desaparecimento imperceptível do círculo, na sua maior extensão.

É mais detalhadamente o círculo pequeno do saber, pelo qual o homem se torna feliz em sua condição. E esse círculo começa bem próximo dele, ao redor de seu ser, das suas relações mais íntimas. Entende-se a partir daí e, cada vez que se estende, deve orientar todas as forças da verdade segundo este ponto central.

O sentido puro da verdade se forma em círculos pequenos, e a pura sabedoria humana repousa sobre a base sólida do conhecimento de suas condições mais próximas e da desenvolvida capacidade de se relacionar com elas.

Pestalozzi fala de um centro, de um ponto do qual se irradiam os círculos do saber: esse ponto central é o próprio ser do homem, e a percepção interior é a apreensão do sujeito por si mesmo.

Segundo Pestalozzi, o centro do seu ser, ela mesma (a criança) e o que está mais próximo dela é o que lhe é trazido primeiro à consciência.

Mais uma vez, é preciso tomar cuidado para não enveredarmos por uma interpretação de tendência idealista dessa auto-apreensão do sujeito. Isso significa que a apreensão de si mesmo não é mera percepção no plano intelectual, da consciência debruçada sobre si própria. O caráter da percepção interior está nos planos sensorial, afetivo, moral e intelectual. Pondo em ação os sentidos físicos, naturalmente o sujeito toma consciência de seu corpo, de suas capacidades físicas; sendo amado e amando, tem acesso ao ser moral; e, representando as sensações físicas e os sentimentos da alma, compreendendo-as, relacionando-as e comparando-as, vê-se com razão e inteligência.

Dessa forma, a percepção tem ligação íntima com a proposta de educação integral, em que todas as potencialidades do indivíduo devem se desenvolver harmoniosamente e não deseja deixar de lado nenhum aspecto da totalidade humana. Penetra o quanto pode em todos os setores de seu desenvolvimento e com isso confere um caráter de unidade orgânica e viva tanto ao ser do homem – sujeito, como ao ser do universo – objeto. Apenas se nos desenvolvermos no sentido de abarcar a realidade com todas as ferramentas de que dispomos em nós mesmos (sentidos físicos, razão, sentimento), é que poderemos chegar a compreender a ordem universal.

Interessante, neste ponto, uma comparação com Kant, ele sempre havia negado que o homem dispusesse de um conhecimento mais seguro e direto que o conhecimento intelectual; ao intelecto a coisa em si é inacessível. Para Pestalozzi ao contrário, o acesso à realidade é possível, desde que o sujeito não apreenda unilateralmente, seja só pelo intelecto, seja só pelo sentimento, seja só pelos sentidos.

Mas concorda com Kant sobre a existência da coisa em si, sobre a objetividade da realidade. Já os discípulos de Kant (entre eles Fichte) pregavam que o objeto do conhecimento é a representação e além da representação não há nada. No plano da filosofia pedagógica de Pestalozzi, portanto, compõe-se de maneira igualitária o que seria meramente apreensível pelos sentidos, o que seria fruto da consciência moral e a representação elaborada pela razão. Isso porque todas as nossas capacidades se entrelaçam e interagem organicamente e apenas quando são estimuladas simultaneamente e equilibradamente é que de fato podemos partir de percepções para alcançarmos uma visão de mundo integrada.

Obviamente, na composição dos estímulos que fornecemos por meio da educação para a criança, essa interação orgânica será perturbada pela necessidade de fragmentarmos a totalidade das coisas em áreas de conhecimento e disciplinas específicas, mas centrado em si próprio, tendo iniciado o seu processo educacional a partir da percepção interior, o educando tem condições de reconstruir em si essa totalidade das coisas, numa visão de mundo coerente e una, em consonância com sua unidade interna.

Trabalhando todo o cérebro

Um novo acontecimento é inédito. Quando a mente se tornou ciente da evolução, disse Teilhard de Chardin (2001), a humanidade entrou em uma nova fase. Era só uma questão de tempo até que pudéssemos constatar a expansão da percepção em todo o mundo.

O emprego deliberado de técnicas de expansão da percepção na educação, apenas recentemente introduzido, é novo na escolarização em massa. Nunca, antes, uma cultura se propusera a fomentar o conhecimento com todo o cérebro na população em geral. O estado transcendente em que se fundem o intelecto e os sentimentos, no qual o julgamento cortical mais elevado é conciliado com as intuições do velho cérebro límbico, era privilégio de poucos: do filósofo ateniense, do gênio da renascença e do físico criativo. Tal condição heróica não era para gente "normal". E com toda a certeza, não era da alçada das escolas!

Entretanto, não há mais razão para se confinar a uma elite o conhecimento com todo o cérebro. Tanto a ciência como as experiências de transformação pessoal de um grande número de indivíduos demonstraram que essa é uma capacidade inata no homem, não apenas o dom de artistas ou de prodigiosos cientistas. O cérebro de cada um de nós é capaz de uma infindável reordenação de informações. Os conflitos e paradoxos são os grãos para o moinho transformador do cérebro.

Criando aquilo que o psicólogo Leslie Fehmi, em 1990, classificou como "foco aberto", as psicotecnologias ampliam a percepção. Elas reforçam a memória, aceleram o ritmo do aprendizado, ajudam a integrar as funções dos dois hemisférios corticais e promovem a coerência entre as regiões novas e velhas do cérebro. As psicotecnologias permitem também um maior acesso às ansiedades inconscientes que podem estar obstruindo nosso caminho.

Elas ajudam o educando, velho ou moço, a se tornar centralizado, a criar, ligar, unificar e transcender. Logo se torna óbvio que a subestimação da capacidade do cérebro e a ignorância de seu funcionamento nos levaram a modelar nosso sistema educacional de cabeça para baixo e às avessas. Leslie Hart, um consultor educacional, descreveu as escolas como antagônicas ao cérebro: "Somos obcecados pela 'lógica', normalmente significando [...] esforço estanque, fragmentado, ordenado, seqüencial (linear) [...] O cérebro humano, porém, tem pouco emprego para a lógica desse tipo. É um computador de incrível poder e sutileza, mas muito mais análogo que digital. Não funciona por precisão, mas por probabilidade, por um grande número de aproximações muitas vezes grosseiras ou mesmo vagas".

Os cálculos do cérebro não exigem esforço consciente, apenas atenção e abertura para deixar que a informação flua. Embora o cérebro absorva universos de informações, pouco é admitido na consciência "normal", devido principalmente aos nossos hábitos e pressuposições errôneas a respeito de como sabemos aquilo que sabemos.

Infelizmente, as descobertas sobre a natureza da mente têm sido como a vagarosa difusão de notícias sobre o armistício. Muitos morrem no campo de batalha sem necessidade, muito depois da guerra terminar. Mentes jovens são refreadas e reduzidas a cada dia, em números por demais elevados para serem tolerados, forçadas a passar por um sistema que tolhe a capacidade de toda uma vida de crescimento. Em contraste com os insetos, os seres humanos começam como borboletas e terminam em casulos.

A ciência do cérebro esteve durante muito tempo ausente da elaboração dos cursos, na maior parte das faculdades de pedagogia, o que é bastante compreensível, já que ela tende a ser envolta em linguagem técnica. As descobertas sobre a especialização dos hemisférios direito e esquerdo, ainda que supersimplificadas, ofereceram à educação uma metáfora nova e provocante para o aprendizado.

A confirmação científica da intuição, nosso termo para designar um conhecimento quando pode ser rastreado, abalou a ciência e agora produz seu impacto na educação.

No nível de senso comum, tentamos rastrear as idéias de ponta a ponta, como um fio de arame estendido ou uma linha de pensamento.

No entanto, os processos não-lineares na natureza, como a cristalização e certos eventos cerebrais, vão, de uma só vez, pois o cérebro não se limita às nossas concepções do senso comum, caso contrário, não funcionaria de todo.

O dicionário define a intuição como "rápida percepção da verdade sem atenção ou raciocínio consciente", "conhecimento de dentro para fora", "conhecimento ou sentimento instintivo, associado a uma visão nítida e concentrada".

O termo deriva, apropriadamente, do latim *intuere*, "contemplar". Se essa sensação instantânea for ignorada pela mente linear, não devemos nos surpreender. Afinal, seus processos estão fora do desenvolvimento linear e, portanto, são suspeitos. Além disso, a intuição é mediada pela metade do córtex que não fala, nosso hemisfério essencialmente mudo. O cérebro direito não pode verbalizar aquilo que sabe; seus símbolos, imagens ou metáforas precisam ser reconhecidos e reformulados pelo cérebro esquerdo antes que a informação seja conhecida na íntegra.

Até que tivéssemos evidências colhidas em laboratório sobre a validade desse conhecimento, e algum indício do processo não-linear, era difícil para nossa concepção linear aceitar esse tipo de conhecimento, quanto mais confiar nele.

Sabemos agora que ele deriva de um sistema cujo armazenamento, conexão e rapidez humilham os mais brilhantes investigadores.

Há uma tendência para se pensar na intuição como separada do intelecto. Mais precisamente, poder-se-ia dizer que a intuição abrange o intelecto. Tudo sobre o que já imaginamos, está também estocado e disponível. O domínio mais amplo sabe de tudo que sabemos em nossa consciência normal, e muito mais.

O conhecimento tácito sempre teve seus defensores, inclusive muitos de nossos cientistas e artistas mais criativos. Esse conhecimento tem sido o companheiro essencial e silencioso em todo o nosso progresso. O cérebro esquerdo pode incluir novas informações no esquema de coisas existentes, mas não pode gerar novas idéias. O cérebro direito vê o contexto, e, assim, o significado. Sem a intuição, ainda estaríamos nas cavernas. Cada avanço, cada salto à frente na História, tem dependido das percepções do cérebro direito, da capacidade do cérebro holístico de detectar anomalias, processar novidades e perceber relacionamento.

Será de se admirar que nosso método educacional, com sua ênfase nos processos lineares do cérebro esquerdo, tenha falhado em se manter atualizado ao longo do tempo?

De certo modo, faz sentido que a consciência humana em evolução tenha vindo a confiar demais no hemisfério em que reside primariamente a linguagem. Alguns teóricos acreditam, com base nas informações das pesquisas neurológicas, desenvolvidas em centros de estudos, em diversas universidades, que o cérebro esquerdo se comporta quase como um indivíduo distinto e competitivo, uma mente independente que inibe seu parceiro.

Nossa condição, pode se comparar à de marinheiros gêmeos em uma viagem longa, muito longa. Um é falante e analítico, o outro mudo e, por vezes, sonhador.

O falante faz cálculos apurados com a ajuda de seus mapas e instrumentos. Seu irmão, no entanto, tem uma excepcional capacidade de prever tempestades, mudanças de correntes e outras condições de navegação, que se indicam através de sinais, símbolos e desenhos. O marinheiro analítico tem medo de confiar nos avisos do irmão, porque não pode imaginar sua origem. Na realidade, o marinheiro silencioso tem acesso instantâneo a um rico banco de dados que, como satélite, lhe fornece a perspectiva das condições de tempo. Mas lhe é impossível explicar esse complexo sistema com sua limitada capacidade de comunicar detalhes. Além disso, seu irmão falante e "racional" em geral o ignora mesmo. Frustrado, ele, com freqüência, fica impotente, enquanto a embarcação ruma direto para o desastre.

Sempre que suas convicções entram em conflito, o marujo analítico teimosamente segue seus próprios cálculos, até o dia em que esbarra nos esquemas do banco de dados do irmão. Então, atônito, percebe que por ignorar as percepções do seu irmão gêmeo, tem viajado através da vida com informações parciais.

Pode se observar que uma criança de pouca idade, ao se deparar com um assunto novo ou um problema não familiar, como um cientista operando nos limites do campo que escolheu, ficaria paralisada se não tivesse intuição. Não "imaginamos" como nos equilibrar, por exemplo. Com maior freqüência do que percebemos, pressentimos o caminho. O computador A-Z sintoniza suas impressões e nos deslocamos.

Se quisermos usar nossas capacidades de modo pleno e com confiança, devemos reconhecer o poder da intuição. A tecnologia gerou tantas opções que só mesmo a intuição pode nos ajudar a escolher. E como a tecnologia pode lidar com a rotina, o analítico, ficamos livres para refinar a atenção que nos dá acesso ao conhecimento holístico.

Sabemos agora que o cérebro direito percebe relações, reconhece rostos, interpreta novas informações, ouve tons, julga harmonias e simetrias. O maior de todos os distúrbios de aprendizagem talvez seja a cegueira ao padrão, a incapacidade de ver relacionamentos ou detectar significados. Ainda assim, nenhum departamento escolar dispõe de programas corretivos para superar esse grande problema. Como vimos, nosso sistema educacional o agrava e, às vezes, o provoca.

A pesquisa confirma o que pais e professores observadores já sabiam: aprendemos de diferentes formas. Alguns cérebros são dominados pelo hemisfério direito e outros pelo esquerdo, e, às vezes, nem por um nem por outro. Alguns, aprendem melhor ouvindo, outros vendo ou tocando. Alguns visualizam facilmente, outros não visualizam de todo. Alguns se lembram de leituras de odômetros, números de telefones, datas; outros se lembram de cores e sensações. Uns aprendem melhor em grupo, outros sozinhos. Alguns têm maior rendimento pela manhã, outros à tarde.

Nenhum método educacional único pode extrair o máximo de cérebros diferentes. Descobertas a respeito das especialidades dos dois hemisférios e a tendência dos indivíduos, em favor de um ou outro estilo, ajudam também a compreender por que diferimos tanto em nossos modos de ver e pensar.

A pesquisa do cérebro está também revolucionando a compreensão das diferenças na percepção de indivíduos do sexo masculino e do sexo feminino. Os sexos variam notadamente em alguns aspectos da especialização do cérebro. Os hemisférios direito e esquerdo do cérebro do homem se especializam muito mais cedo do que os hemisférios do cérebro da mulher, o que lhes dá certas vantagens e desvantagens. O cérebro masculino é superior no que se refere a certos tipos de percepção espacial, mas é menos flexível e mais vulnerável a deficiências após acidentes do que o feminino.

Um estudo recente mostrou que quase não houve perda de linguagem em mulheres que sofreram danos no cérebro esquerdo, havendo, porém, linguagem subnormal em homens atingidos por traumas semelhantes. A dislexia, um distúrbio que incapacita a leitura, acomete muito mais os homens que as mulheres (*Folha de São Paulo*, 1998).

Afligindo pelo menos 10% da população, a dislexia parece estar associada ao domínio pelo hemisfério cerebral direito do processo de leitura. Aqueles dotados de forte percepção holística são, com freqüência, prejudicados por nosso sistema educacional, com sua ênfase na linguagem e na matemática simbólicas. Embora tenha dificuldade inicial no processamento desses símbolos, essa minoria neurológica pode ser também, de modo inusitado, bem-dotada. De forma característica, essas pessoas se destacam nas artes e no pensamento inovador. Ironicamente, sua contribuição potencial para a sociedade é com freqüência diminuída, porque o sistema solapa a auto-estima nos primeiros anos escolares.

As escolas têm ensinado e classificado um caleidoscópio de cérebros individuais com um programa único, um conjunto único de critérios. Têm supervalorizado e condicionado determinadas habilidades à exclusão de outras, "reprovando" aqueles cujos dotes não fazem parte da relação dos mais desejados pela cultura e, dessa forma, convencendo-os para toda a vida de que são insignificantes.

Individualmente e como sociedade, temos necessidades urgentes que só podem ser satisfeitas se mudarmos nossas idéias a respeito do aprendizado.

Precisamos inovar

Síntese e percepção de padrões serão necessárias à sobrevivência no século XXI. À medida que a cultura se torna mais complexa, a ciência mais abrangente e as opções mais diversas, necessitamos de uma compreensão com todo o cérebro como nunca antes: o cérebro direito, para inovar, sentir, sonhar e imaginar; o esquerdo, para testar, analisar, verificar, elaborar e apoiar a nova ordem. Juntos, eles inventam o futuro. Sociólogos calcularam recentemente que um indivíduo, na sociedade ocidental, recebe a cada dia 65.000 estímulos a mais do que recebiam nossos antepassados 100 anos atrás.

O romancista Henry James previu a ciência do cérebro quando observou que existem dois tipos básicos de pessoas: as que preferem a emoção do reconhecimento e as que preferem a surpresa. O hemisfério esquerdo parece especializar-se no processamento instantâneo de estímulos altamente estruturados, enquanto o hemisfério direito integra informações novas e difusas, como um *ash*. O esquerdo reconhece essencialmente a relação do estímulo como o que já conhece. O direito trata de material com que não teve experiência prévia.

Os hemisférios são conservadores e radicais, tradicionais e inovadores. As experiências neurolingüísticas sugerem que, além da compreensão de relacionamentos e da percepção profunda, o hemisfério direito apresenta também melhor percepção através da obscuridade e da imprecisão. Isso parece poeticamente apropriado em vista de sua perscrutação do desconhecido e tendência para o místico.

O conhecimento livre do cérebro direito é como um livro emprestado, um trecho de melodia ouvido de passagem ou uma vaga lembrança. Se à idéia sentida e desconhecida, não for dado um nome, uma definição ou um contorno, ela se perde para a consciência plena. Fragmenta-se e desfia-se como a lembrança de um sonho do qual não nos recordamos inteiramente. Não é percebida, sem a capacidade do cérebro esquerdo de reconhecer, identificar e integrar, toda a imaginação que poderia rejuvenescer nossas vidas, permanece no limbo.

As psicotecnologias facilitam o surgimento do desconhecido. Em um estado de atenção difusa, sentimentos e impressões complexas vêm a ser reconhecidas pelo analítico hemisfério esquerdo. O verdadeiro mistério está nessa súbita integração, quando o incipiente se ajusta no lugar. Então, todo o cérebro tem o conhecimento. É a lâmpada acesa que aparece sobre a cabeça de um personagem de desenho animado, quando lhe ocorre uma idéia brilhante.

Vivemos em uma época de rápido reajustamento na vida cotidiana e de uma revisão radical da ciência. Níveis múltiplos de realidade, novas noções sobre o mundo físico, estados expandidos de consciência, assombrosos avanços tecnológicos, nada disso é ficção científica ou sonho curioso. Nada disso desaparecerá.

As escolas, em sua maior parte, foram, no passado, particularmente inóspitas aos indivíduos criativos e inovadores. Os inovadores agitam e perturbam o entorpecido *status quo*.

Inadvertidamente, podemos forçar as pessoas até o extremo de suas tendências inatas, devido aos preconceitos de nossas escolas. O inovador rebelde reage mais e mais, talvez se tornando anti-social ou neurótico. A criança tímida, que deseja agradar, é moldada a uma posição ainda mais conformista pela estrutura autoritária. Em seu estudo, comparando as escolas secundárias a prisões, Haney e Zimbardo (1986) afirmaram que as verdadeiras tragédias não são os criadores de problemas, nem mesmo os que abandonaram a escola, mas "a infindável procissão de alunos sem rosto, que atravessam o sistema escolar em silêncio e sem fazer perguntas, discretamente, sem serem percebidos".

O medo pode nos impedir de criar, inovar e arriscar. Ainda assim, optamos pela simples ilusão de segurança. Prolongamos nosso desconforto e somos perturbados no sono. No fundo, sabemos que estamos em perigo, evitando a mudança num mundo em transformação. As únicas estratégias, suficientemente imaginativas para nos resgatarem, provêm da outra consciência. Devemos discutir os assuntos, romper e reformar as estruturas, repetidas vezes.

Toffler (1970) sugeriu que necessitamos de "uma multiplicidade de visões, sonhos e profecias, imagens de amanhãs potenciais [...] As conjecturas e as visões se tornam tão frias e práticas como o 'realismo', com os pés no chão, em tempos passados. Devemos criar refúgios para a imaginação social".

É provável que o amanhã traga surpresas excitantes, assustadoras e mesmo cataclísmicas. Um sistema educacional que imponha "respostas certas" é científica e psicologicamente deficiente. E por exigir conformidade, não só nas convicções como no comportamento, ele inibe a inovação e demanda desdém em uma época de autonomia cada vez maior.

Começamos a perceber que devemos educar para as incertezas da liberdade além das fronteiras. A capacidade de mudar as perspectivas é um inegável auxílio na solução de problemas. Em uma experiência, psicólogos treinaram estudantes para reformularem problemas ou visualizá-los de um modo mais nítido. Os estudantes que aprenderam a reformular tiveram que alargar as definições dos problemas e verificar suas hipóteses, a fim de comprovarem se eram verdadeiras e necessárias. Os reformuladores venceram muito os visualizadores. Os psicólogos que conduziram a experiência observaram que talvez se possa ser claro sobre a coisa errada, obtendo "uma clareza cristalina onde não há clareza alguma". Por exemplo, foi pedido aos pacientes que desenhassem um relógio que não tivesse peças em movimento no mostrador ou qualquer detalhe que se alterasse visivelmente durante o uso normal. A resposta: um relógio auditivo. As pessoas, em sua maioria, procurando com afinco ver um relógio, foram levadas à pressuposição errônea de que o relógio deveria dispor de mostrador visual.

Saltos criativos, curiosidade, síntese, espontaneidade e o lampejo de compreensão, nada disso deve se limitar a uma minoria privilegiada.

Não há alternativa, nascemos criativos. As primeiras visões e sons são vigorosos, novos e originais.

Pela primeira vez, se tivermos sorte, a educação poderá se empenhar em fomentar essa consciência mais rica e mais fluente. Nossas escolas poderão, gradualmente, parar de tentar movimentar barcos a vela com remos.

O contexto emerge do contexto e conexões. Sem um contexto, nada faz sentido. Tentem imaginar o jogo de xadrez sem um tabuleiro, a língua sem uma gramática, jogos sem regras. O cérebro direito, com seu dom de perceber padrões e o todo, é essencial à compreensão do contexto e do significado. "Aprender a aprender" inclui aprender a ver a relação entre as coisas. Infelizmente, nossas escolas não ajudam, porque de forma sistemática nos ensinam a não estabelecer conexões.

Contexto aqui é literalmente, "o que é tecido junto". Estamos na atualidade examinando a ecologia de tudo, percebendo que as coisas só fazem sentido com relação a outras coisas. Assim como a medicina começou a pesquisar o contexto da doença, o meio e não apenas os sintomas, a educação está começando a tomar conhecimento de que as interligações daquilo que conhecemos, a rede de relações, são mais importantes que o mero conteúdo. O conteúdo é fácil de ser dominado, depois de enquadrado em um contexto.

Em uma experiência, por exemplo, pré-escolares aprenderam

a ler palavras com mais facilidade que letras isoladas, aparentemente porque associavam significado às palavras. A palavra Aranha, que inclui a letra A, era mais fácil de ser lida do que a letra A sozinha. No entanto, se à letra fosse dado um significado e não apenas um nome ou um som, se fosse dito às crianças que a letra A significa "bicho", a letra poderia ser lida com a mesma facilidade de uma palavra. Os pesquisadores observaram que o significado é um fator de grande importância e que a complexidade visual tem influência relativamente menor se o significado fizer parte da equação.

Através do projeto Reaprender, destinado a auxiliar crianças deficientes no aspecto cultural, orientadores pedagógicos da Meta, uma firma de consultoria educacional, de Salvador, Bahia, ensinaram milhares de crianças das escolas elementares a estabelecer conexões, a fazerem exercícios sinéticos, na verdade, a pensar metaforicamente. De início, as crianças, em sua maior parte, não conseguiram estabelecer conexões significativas. Por exemplo, se o professor perguntasse: "Em que o crescimento de uma semente se assemelha ao crescimento de um ovo?" Respostas típicas de alunos da terceira série, antes do treinamento: "A flor é melhor." "O pinto pode caminhar." "A galinha é menor." " A flor não tem penas.".

Após várias horas de exercícios em grupo sobre o estabelecimento de conexões, de novo é indagado às crianças a respeito da semente e do ovo. Todos podem, então, generalizar alguns aspectos das similaridades: crescimento, mudança de forma, etc. Suas metáforas são com freqüência surpreendentes. Em uma avaliação no Colégio Medalha Milagrosa, Salvador, uma criança respondeu: "Só o ovo e a semente sabem o que vão ser quando crescerem... Alguma coisa dentro deles deve lhes dizer. É como Silvio Santos, na TV. Conta uma história e somente ele sabe como acabar". Uma outra disse que tanto o ovo como a semente começavam pequenos e se tornavam muito grandes, como a raiva do pai. "Quando papai fica zangado, começa um pouquinho aborrecido, e vai ficando cada vez mais aborrecido." Outra criança comparou a eclosão da semente e do ovo ao arrebentar dos canos de água devido ao lixo acumulado.

Willian J. J. Gordon, o criador da técnica sinética, acredita que o aprendizado se baseia no estabelecimento de conexões que relacionem o que é novo com o que é familiar, capacidade que tem sido desencorajada em inúmeras pessoas. Exercícios sinéticos são empregados também para adultos, principalmente para treiná-los na área da criatividade.

Eis algumas perguntas de exercícios sinéticos:

– O que necessita de maior proteção, uma pedra ou uma tartaruga?

– O que pesa mais, uma pedra ou um coração pesaroso?

– O que cresce mais, uma árvore ou a autoconfiança?

A metáfora lança uma ponte entre os hemisférios, levando de forma simbólica o conhecimento do cérebro direito mudo, de modo que ele possa ser identificado pelo esquerdo como semelhante a alguma coisa já conhecida. A sinética também solicita exemplos de atração repulsiva, frágil armadura, impetuosidade paralisada, liberdade disciplinada, exercícios para transcender paradoxos.

Em meio a uma profusão de informações, podemos estar caminhando no sentido de uma economia de aprendizado, alguns poucos e eficazes princípios e teorias fazendo sentido em muitas disciplinas.

Os elementos do mundo só podem ser compreendidos em termos de totalidade, nunca de forma fragmentada, como declara Capra (1996). Observem que ele se refere à reestruturação, e não a acréscimos. O que está mudando é o aspecto e a forma do que conhecemos.

As pessoas devem aprender a acomodar o cérebro completo em um mundo completo, disse Meeker (1995), falando do que denominou "educação ambidestra".

Os pensadores lineares do cérebro esquerdo estão se aproximando de tempos difíceis. Os que ainda acreditam que vivem em uma horta irão encontrar suas cenouras mudando de rumo para se unirem ou interceptarem a alface, enquanto ervas daninhas e animais da floresta se insinuam através do arame frouxo da cerca. Coisa alguma pode continuar a ser tratada isoladamente. A vida em tais vastidões necessitará de todo o cérebro, e não apenas daquela parte que prospera nas divisões analíticas.

Em seu relatório de 1977, a Fundação Carnegie para o Progresso do Ensino expôs: "Passamos por um período em que o conhecimento foi fragmentado, mas os sonhos de coerência sobreviveram [...] Em todos os campos, indivíduos têm tentado recriar um todo intelectual, após longo período de fissão. Parece que estamos entrando em uma época de novas tentativas de síntese." Da fissão à fusão "como observou o relatório, na educação, essa fusão do conhecimento é mais evidente ao nível da graduação, devido à expansão dos limites dos campos, onde a nova pesquisa é desenvolvida, e que estão mais próximos uns dos outros do que os núcleos centrais desses campos".

É difícil visualizar os limites mais remotos de nossos vários campos de conhecimento se fundindo. Com mais facilidade, poderíamos pensar em termos de profundidade: a profundidade das indagações humanas, de qualquer direção, parece estar nos conduzindo a certas verdades ou princípios centrais.

Na realidade, em nível de pós-graduação, a síntese é evidente. A Unipaz, Universidade da Paz, em Brasília, destina-se a encorajar a pesquisa interdisciplinar, proporcionando apoio aos pesquisadores.

A necessidade de transcender a cultura

Estamos aprendendo não apenas a associar informações, mas também a nos relacionar melhor. Estamos nos conscientizando cada vez mais de que nenhuma cultura ou período de História obteve todas as respostas. Estamos reunindo nossa sabedoria coletiva, do passado e de todo o planeta.

"Somos os benfeitores de nossa herança cultural", observou o psicólogo Krippner (1976), "e vítimas de nossa estreiteza cultural". Nossos conceitos do possível estão atolados no denso materialismo e no obsoleto dualismo corpo-mente, de nossa perspectiva cultural.

Assim como os inovadores da medicina têm sido atraídos pela concepção de saúde de outras culturas, curandeirismo, xamanismo, acupuntura, entre outras, estamos agora descobrindo e adaptando sistemas de ensino, instrumentos e perspectivas tradicionais.

Um desses instrumentos é a Roda de Medicina da Índia, ou a Roda de Conhecimento Cheyene (Roger's, 1982). Em contraste com a forma pela qual compartimentamos as informações, os cheyenes e outras tribos de índios americanos tentam demonstrar a natureza circular e contínua da realidade pelo mapeamento de conhecimentos em um círculo. Por exemplo, o círculo pode ser dividido em quatro setores, os quatro cantos da Terra, ou os períodos de vida de cada pessoa. Ou pode apresentar modelos e relacionamentos entre grupos sociais ou colheitas, como um fluxograma circular.

E assim como os defensores da medicina holística fizeram ressurgir declarações relevantes de Platão e outros filósofos gregos, os educadores, tardiamente, estão examinando um conceito holístico grego, a paidea. Paidea se referia à matriz educacional criada pelo conjunto da cultura ateniense, em que a comunidade e todas as suas disciplinas geravam recursos de aprendizagem para o indivíduo, cujo objetivo final era atingir o centro divino dentro de si mesmo.

A eufenia, um novo conceito genético, sugere que há uma base científica para técnicas de aprendizado como a paidea. Enquanto a eufenia proporciona o desenvolvimento de algumas características e emite a repressão de outras, adota o ponto de vista de que o meio pode ser otimizado para o desenvolvimento de características potenciais. Em termos humanos, podemos dizer que todo mundo é talentoso, no sentido de possuir potencialidades especiais no repertório genético, mas a maior parte desses dons não é estimulado pelo meio.

Se o meio de aprendizado é estimulante e tolerante, grande número de habilidades, talentos e capacidades pode ser desenvolvido.

Há uma crescente empolgação entre os educadores em torno de antigos mitos e símbolos, história oral, festivais ligados à terra, ritos de passagens, costumes primitivos e habilidades extraordinárias documentadas em culturas menos lineares que a nossa.

À medida que nossa visão se modifica, o mundo a acompanha, tornando-se melhor, mais rico e mais humano.

O que significa, de fato, a percepção de padrões sutis em um terreno coberto de neve ou num deserto, de navegar de ilha a ilha, de dançar sobre brasas, de tentar exorcizar as doenças? O que os seres humanos são capazes de fazer? Quais são todas as coisas que sabemos coletivamente? "Nenhum de nós", lê-se em um cartaz de uma escola alternativa, "é tão inteligente como todos nós".

Descobrimos que nós também somos capazes de criar mitos, uma antiga estratégia de culturas engajadas na transformação.

Em relatos sobre experiências abaladoras, que causaram uma mudança de vida, várias pessoas mencionaram o choque cultural, a mudança para um outro país, para uma outra parte do mundo. Há importantes lições para nós em outras culturas.

As iniciações primitivas, por exemplo, ensinam ao iniciado sobre a dor, a identidade e o confronto. Uma criança esquimó que se sente tensa é estimulada a observar um pássaro ao alçar o vôo e o peixe a nadar.

Os índios das planícies da América do Norte ensinam seus filhos a respeito da dualidade que existe no homem, a existência de seus conflitos que podem se transformar em um conjunto. Um velho chefe, citado por Storn (1969), comparou essa dualidade aos ramos bifurcados de uma árvore. "Se uma metade tentar se separar da outra metade, a árvore ficará defeituosa ou morrerá [...] Em vez de seguir esse caminho estéril, devemos unir os paradoxos de nossa natureza gêmea às coisas do universo uno".

Nossa cultura necessita da Roda de Conhecimentos Cheyene, uma cosmologia dentro da qual possa ordenar informações e experiências; nosso lugar no planeta; a posição na seqüência da evolução e da História; o relacionamento com o infinitamente pequeno elétron e com as imensas galáxias; os ambientes para o nascimento, a morte, a família e o trabalho. Tudo isso são contextos. Não podemos compreender uns aos outros, a nós mesmos ou a natureza, sem ver os sistemas de forma integral com a seqüência dos eventos, a teia das circunstâncias e as múltiplas perspectivas.

Necessitamos urgente de novas posturas no comportamento dos professores, como observou Charlie Brown, personagem criado por Schulz (1977): "Como pode alguém entender a nova matemática com a mentalidade da velha matemática?".

Uma reforma educacional por decreto é tão "eficaz" como a cura apenas com cuidados externos. Os professores têm que entender certas idéias de dentro para fora, se quiserem se beneficiar delas. Como afirmou um educador: "Professores que trabalham mal com o velho instrumental, provavelmente se sairão pior ainda com instrumentos novos que não conhecem".

Alguns professores são aquilo que Bruner (1980) classificou como "matadores de sonhos", ou que Huxley (1982) chamou de "maus artistas", cujas deficiências podem afetar vidas e destinos inteiros.

O professor criativo que se aventura em um programa experimental, com freqüência experimenta o desânimo, exaustão e depressão provenientes da luta prolongada para conservar a inovação viva em meio ao papelório, às restrições e aos ataques.

Muito depois das experiências originais do "efeito Pigmalião", Rosenthal e seus colegas, em Harvard, desenvolveram, no ano de 1982, um teste audiovisual com 200 itens: "Profile Of Non-verbal Sensitivity" (PONS/Perfil de Sensibilidade Não-verbal), para avaliar a capacidade do indivíduo de perceber as emoções e intenções de outros, sem o auxílio de indícios verbais. Como o grupo, os professores obtinham um resultado relativamente baixo. Os alunos, por outro lado, eram bastante perspicazes. Aqueles que acreditam que outras pessoas possam ser manipuladas, os que obtêm elevado número de pontos na "escala maquiavélica", são de certa forma insensíveis a indícios não-verbais.

Os testes elaborados classificaram os que obtiveram resultados altos de Ouvintes, e os de resultados baixos de Falantes. Como um todo, os professores estão acostumados a falar, não a ouvir. Ou, como expressa o título de um livro: The geranium on the window still has just died, but teacher you went right on (O gerânio no peitoril da janela acaba de morrer, mas você, professor, seguiu em frente), Cullum (1980). Enquanto isso, os alunos, em sua sensibilidade a tudo que não é dito, os olhares do professor, sua postura de desaprovação ou rejeição, aprendem o que é necessário para sobreviver ao sistema.

Até recentemente, a educação tem de uma forma retrógrada pouco se importado com o professor, uma espécie de contexto para o aprendizado, e se preocupado em excesso com o conteúdo. No entanto, um professor talentoso pode contagiar gerações com o entusiasmo por idéias, pode influir na escolha de carreiras, pode até gerar revoluções, como a educadora e revolucionária francesa Louise Michel, que abriu cinco escolas livres, onde ensinava a lígnua francesa por meio da leitura dos grandes escritores franceses, e ciências, em contato com a natureza. Não teve retorno material, mas formou um exército de cidadãos conscientes de seus direitos, que juntos souberam derrubar a Monarquia e instituir a República; e fazer com que o pão, quando este era artigo de luxo, durante a Guerra Franco-Prussiana, fosse destinado ao povo também.

Hoje, conheço professores que ministram aulas extras aos alunos de aprendizagem mais lenta, ficam depois das aulas para ajudá-los, repartem seu lanche com aqueles que não possuem ou tenham esquecido, e lembram dos nomes de todos os seus alunos, 20 anos depois. Eles ensinam com muito amor.

Quando os professores permitem que seus sentimentos e motivações mais profundos venham à tona, quando mergulham em seu próprio íntimo em busca da autoconsciência e da liberdade emocional, estão começando a se mover para modificarem a estrutura social. Então, o professor idealista, o reformador camuflado, marca um ponto.

Muitos professores já são cruzados rebeldes no melhor sentido da expressão; alunos estão em vias de se tornarem. Só então, quando a agressividade, o amor e o poder forem empregados de modo construtivo nas salas de aula, a educação poderá, de fato, ser bem-sucedida. A educação será então um processo expressivamente agressivo, dinâmico e explosivo. A educação pode transformar a cultura, mas apenas quando os educadores forem transformados.

Recentemente, dentro dos círculos de formuladores de políticas educacionais, o movimento de "comportamentos facilitadores" concentrou a atenção sobre os professores como seres humanos que podem destruir ou fomentar o aprendizado. A maioria das unidades escolares, nos últimos cinco anos, concluíram que não lhes é possível melhorar a educação se não transformarem os professores.

Esse movimento parece simples: visa despertar os professores para o seu comportamento na sala de aula e sua atitude em relação a si mesmos e aos outros. Avaliando os professores na sala de aula ou fazendo com que eles avaliem a si mesmos em vídeo-teipe, a abordagem dos comportamentos facilitadores chama a atenção para os atos positivos e negativos.

As pesquisas têm demonstrado que as crianças aprendem melhor com adultos espontâneos, criativos, incentivadores, fisicamente aptos, que buscam significados em lugar de fatos apenas, que têm elevada auto-estima e que encaram sua função como liberadora e não como controladora dos alunos de aprendizagem mais lenta.

Os bons professores estão mais interessados no processo de aprendizado do que na consecução de objetivos específicos. São os que admitem seus próprios erros, que acolhem as idéias radicais de seus alunos, discutem sentimentos, fomentam a cooperação, encorajam a participação dos estudantes em seu trabalho, proporcionam recursos além do cumprimento do dever, pois humilhação, disciplina, punições e regulamentos inibem o aprendizado.

O Projeto Vivência, idealizado e praticado por mim em Sergipe, no ano de 1996, com professores de 16 escolas de ensino fundamental, é apenas um exemplo dos programas de treinamento existentes em todo o país, destinados a aumentar a sensibilidade do professor. Sem exceção, os professores disseram que os maiores benefícios se fazem na sua vida pessoal, são mudanças totais de perspectiva. Dizem que agora se dão conta de talentos que nem sabiam possuir, e muitos experimentam uma verdadeira explosão de criatividade nas salas de aula. Estão mais abertos para outras pessoas, menos críticos, mais aptos a verem o que os outros têm a oferecer. Há uma correspondência entre esse crescimento e a produtividade do professor. Eles preparam mais lições, fazem mais relatórios sobre o trabalho com maior energia, e os alunos os julgam melhores.

Os educadores engajados nos métodos humanísticos e transpessoal já começaram a se unir em redes de centros de âmbito nacional; como a Edutecnet da Unicamp, cuja intenção é o estabelecimento de um novo paradigma na educação, em coexistência com outros mais tradicionais.

O caminho

Como o paradigma educacional emergente abrange muito mais do que o antigo, os programas experimentais muitas vezes deixam de satisfazer suas próprias ambições. Afinal, são inovações e experiências, por definição ainda não-refinadas ou dinâmicas. Não é um empreendimento pequeno humanizar as escolas e, ao mesmo tempo, estimular os alunos.

A nova comunidade-escola é muito fechada, mais como uma família do que uma escola completa, inclusive com ocasionais brigas familiares.

Professores, pais e alunos decidem em conjunto importantes assuntos referentes à administração e ao currículo, e contratam novos funcionários. Os alunos se dirigem aos professores por seus primeiros nomes e os encaram mais como amigos do que como figuras autoritárias.

Os grupamentos etários são em geral flexíveis, e não a estrutura tímida da educação tradicional. A maioria dos programas educacionais inovadores acaba por incluir uma estrutura suficiente para recordar aos alunos suas responsabilidades e prepará-los para algumas das expectativas do velho paradigma para quando deixarem a escola. Conceitos indicados por letras estão à disposição daqueles que necessitam de um histórico para ingressar nos cursos superiores.

O novo currículo é como uma trama sutil e rica, limitado

apenas pela burocracia escolar, pelas verbas e pelos limites da energia do professor. Virtualmente, nenhum assunto é por demais difícil, controvertido ou extravagante para ser abordado.

Na maioria dos estados, é claro, alguns componentes do currículo são determinados por lei. Mesmo assim, os educadores integram muitos assuntos acadêmicos com atividades do cérebro direito: música, ginástica, artes, estímulo sensorial, ou os apresentam dramaticamente, como na encenação de julgamentos históricos de modo a fazer os estudantes pensarem sobre o assunto com interesse e vigor renovado. Os estudantes vivenciam outros períodos e outras culturas, organizando feiras e festivais, aprendendo a música e as artes de outras épocas e lugares.

Usam a matemática para a construção de estruturas. Usam suas comunidades como campus. Pais e especialistas da comunidade são professores voluntários para assuntos específicos, e os estudantes também ensinam uns aos outros. O currículo, tipicamente, inclui uma grande dose de artes e humanidades; os estudantes podem aprender caligrafia e pintura batik, representar uma peça sobre Canudos, escrever e montar seus próprios programas de televisão. Eles aprendem sobre os usos e fontes do poder político participando das associações escolares e das reuniões da câmara de vereadores. Aprendem biologia cuidando de animais, e botânica plantando hortas e jardins.

Aprendem ainda a respeito de condicionamento. Reconhecem seus próprios padrões de comportamento, identificam medos e conflitos, agem responsavelmente, comunicam o que precisam e o que sentem.

Os estados alterados da consciência são levados a sério, daí a realização de exercícios de centralização, meditação, relaxamento e fantasia, para que se mantenham abertos os caminhos intuitivos e o aprendizado com todo o cérebro. Os estudantes são estimulados a entrar em sintonia, imaginar, identificar a sensação especial de experiências excepcionais. Há técnicas para encorajar a percepção do corpo: respiração, relaxamento, ioga e movimento.

Os alunos são orientados a pensar em semântica, a partir de como os rótulos afetam nosso pensamento. Estudam tópicos que seriam considerados muito controvertidos para a maioria das salas de aula, nascimento e morte, por exemplo. As línguas estrangeiras podem ser ensinadas através de técnicas como o Caminho Silencioso, um método em que o professor fala pouco e o aluno é desafiado a usar a linguagem imediatamente; ou a Sugestologia, o método de aprendizado acelerado, originado na Bulgária, que emprega a música e a respiração rítmica para estimular o hemisfério direito. Há cursos sobre ecologia, sobre como discernir entre a boa e a má alimentação, como ser um consumidor inteligente.

Os alunos são incentivados a refletir sobre paradoxos, filosofias conflitantes, as implicações de suas próprias convicções e ações. É-lhes lembrado que sempre existem alternativas. Eles inovam, inventam, questionam, ponderam, discutem, sonham, esforçam-se, planejam, fracassam, obtêm êxitos, repensam, imaginam. Aprendem a aprender e compreendem que a educação é uma jornada que dura toda a vida.

Estudantes de todas as idades se exercitam através de jogos educativos, matemáticos, de fantasia, história, exploração espacial e temas sociais. Em vez de jogos físicos intensamente competitivos, podem praticar "Novos Jogos", uma coleção de atividades em constante expansão, algumas delas, velhos esportes, que satisfazem o lema da Fundação dos Novos Jogos: "Jogue duro, jogue limpo, ninguém sairá ferido".

A competição, o *status* e as disputas de popularidade representam uma parte relativamente pequena na dinâmica de tais escolas. Os estudantes, em sua maioria, freqüentam essas escolas por opção própria, porque tanto eles quanto suas famílias são favoráveis a esse método educacional. As famílias tendem a tirar a ênfase da luta e competição social, e a enfatizar a excelência por si mesma. O currículo e o comportamento do professor reforçam também a autonomia, a empatia e o auxílio mútuo entre os estudantes. As discussões são mais no estilo de transitórias disputas fraternais do que nos modelos enraizados de grupos adversários, típicos das escolas convencionais.

Uma das principais ambições do currículo é a autonomia. Isso está baseado na convicção de que, para que nossos filhos sejam livres, eles devem libertar-se até de nós mesmos, de nossas crenças limitadoras e gostos e hábitos adquiridos. Por vezes, isso significa ensinar com vistas a uma rebelião saudável e apropriada, e não ao conformismo. A maturidade traz consigo uma moralidade que se deriva do interior do indivíduo e não da mera obediência aos padrões culturais.

A maior parte das pessoas se conforma em troca de ser aceito pelo mundo. Se já se sente à vontade no mundo, bem ajustado e acomodado, se não tem medo, não tem por que realizar esse tipo de barganha. O aprendiz autônomo navega de acordo com um giroscópio interior, obedecendo a uma autoridade interna. Em meu projeto Vivência, aplicado em Sergipe, propus aos educadores para que introduzissem programas corretivos para crianças "demasiadamente obedientes", ensinando-lhes uma espécie de desobediência apropriada e criativa, como um antídoto aos efeitos de alta repressão.

Embora o aumento do número de alternativas educacionais tenha sido relativamente impressionante, a maior parte das famílias não tem acesso às escolas inovadoras, às classes abertas e aos tipos de professores que podem fazer com que essas coisas funcionem.

Há novos lugares e formas de aprender, novas pessoas para ensinar, novas habilidades a dominar, novas conexões a fazer. Estamos entrando em um período de aprendizado sem fronteiras, limites de idade, pré-requisitos e reprovações. A matriz educacional mais ampla atrai intensamente a comunidade e as pessoas de iniciativa que descobriram a sede de aprendizado, de tecnologias transformadoras, de habilidades e conhecimentos úteis.

Atingir a paidea, o Centro Radical, a cidade celestial; ensinar ambas as metades do cérebro, não é ambição modesta. Nenhuma escola pode fazer isso. Nenhuma escola jamais o fez. Só uma comunidade pode oferecer a educação holística e apenas uma pessoa completa pode recebê-la. Uma transformação simultânea, pessoal e social, pode nos conduzir ao que Confúcio chamou de "o grande aprendizado", em comparação ao "pequeno aprendizado" conferido pelas escolas. "A universidade provavelmente não crescerá até atingir o tamanho de uma cidade", observou Thompson (1990). "Ela encolherá quando perceber que é a própria cidade (e não o campus) a verdadeira universidade."

A maior reforma da educação pode ser a descentralização, a derrubada das paredes sem janelas, que têm isolado as escolas da comunidade, da vida real.

A desmistificação, descentralização, a não-especialização estão na ordem do dia. A maior parte das empolgantes mudanças e êxitos na nova concepção de educação reflete sua volta aos devidos detentores, ou seja, a comunidade e o educando. O processo do aprendizado se abriu com universidades sem muros; universidades livres; escolas móveis; projetos de trabalho e estudo, até para crianças pequenas, programas tutoriais ao estilo medieval; escolas dirigidas pelas comunidades; pessoas idosas voluntárias nas escolas e jovens em ambientes de trabalho reais; viagens de estudo; educação de adultos; uma explosão de profissões e de literatura para o aprendizado autodidata de habilidades; créditos para a experiência de vida na obtenção de graus universitários; instrução particular; ensino ministrado por colegas; partilha de conhecimentos; serviços de estudantes e projetos de restauração da comunidade. E os recursos tecnológicos vêm se tornando mais baratos e acessíveis – o ensino através de videocassete, por exemplo, e kits de computador.

O ensino e o aprendizado são agora produtos caseiros. Os projetos para educar em casa crianças carentes, as escolas públicas dirigidas pela comunidade, o aprendizado e os grupos de jogos para pré-escolares e crianças depois das aulas, desenvolvidos pelos pais, as redes de aprendizado, o êxito de programas incentivando o orgulho e a alfabetização entre as crianças de morros e favelas, são todos, em essência, independentes do sistema.

Parte do processo de transformação está em se tornar, qualquer que seja sua idade, novamente um educando. Quando éramos crianças, tínhamos pouca escolha a respeito do que e como aprender. Sob este aspecto, quase todos continuamos crianças passivas para o resto de nossas vidas, nunca cientes de que podemos escolher, de que o aprendizado e a transformação ocorrem. Crescemos, qualquer que seja a nossa idade, quando assumimos o processo, quando nos tornamos educandos conscientes em vez de educandos acidentais.

Uma proposta de abertura para o aprendizado permanente é o programa Viver Aprendendo (saiba mais em: http://portal.mec.gov.br/seb/arquivos/pdf/aja1a4mod5e6.pdf), uma rede de programas de estudos residenciais para alunos adultos, em parceria com as universidades locais. Programas similares estão sendo realizados na França, Suíça, Bélgica, Polônia e Canadá. De todos os participantes, basicamente pessoas idosas, não é exigida uma educação formal. Estímulos físicos e mentais são proporcionados em classes de nível universitário e em atividades físicas, palestras e mesas-redondas.

Nós damos uns aos outros a coragem de avançar no desconhecido, de correr riscos juntos e com apoio mútuo. Estamos constantemente empenhados naquilo que alguém denominou "educação mútua". O indivíduo que tenha se envolvido em sua própria educação, precisa mais uma vez da companhia de outras pessoas nessa jornada. Quando dizemos que superamos alguém ou que alguém nos superou, estamos querendo dizer que um de nós se interessou em aprender, e o outro não.

Quando não se é competitivo nem se recorre a hierarquias para definir mestres e aprendizes, então todo mundo é mestre, cada experiência uma lição, cada relacionamento um curso de estudos. "Até um seixo é um mestre", disse o sufi Idries Xá.

O intercâmbio quase sexual de idéias, yin e yang, o antigo e o novo, Oriente e Ocidente, resulta em uma espécie de síntese coletiva: uma comunidade criativa, receptiva ao risco e à imaginação. Um provérbio hebreu alerta: "Não limite seus filhos aos seus próprios ensinamentos, pois eles nasceram em outra época".

Em todo o mundo, crianças e jovens estão sendo expostas, por via da revolução das comunicações, a novas idéias. Elas não estão limitadas às convicções locais de uma única cultura.

Compara-se essa mudança da realidade à diferença entre um casal de imigrantes e seus filhos. Os filhos, em geral, aprendem a linguagem e adotam os costumes locais com mais facilidade do que os pais, os quais se tornam dependentes dos filhos como guias para o novo mundo.

Se a educação não pode ser consertada, talvez possa sofrer uma metamorfose. Como observou alguém, procurando explicar a diferença entre reforma e transformação, estamos tentando atar asas em uma lagarta. Nossas intervenções no processo do aprendizado, até agora, têm sido quase que grosseiras. É mais do que tempo de nos livrarmos do apreço às velhas formas e facilitarmos o vôo da mente humana liberta.

Uma visão de mundo:
educação para a cidadania

Analisando os paradigmas, pode-se destacar os objetivos do ecodesenvolvimento, que propõe um desenvolvimento para as Nações, sob o *slogan* "Crescer Sem Destruir". É uma proposta com visão prospectiva que deve ser analisada e refletida para compor os projetos pedagógicos de fazer um bom uso ecológico dos recursos específicos de um dado ecossistema com vistas a satisfazer as necessidades da população local. Esses objetivos foram escritos por Sachs (1986).

As inúmeras propostas para um novo modo de desenvolvimento de uma nação, devem ser analisadas e por similaridade, devem ser adequadas a cada realidade educacional.

Para uma conscientização maior sobre a necessidade de mudança no sistema educacional atual, deve-se analisar os seis códigos ocultos da Era Industrial. Um dos autores que analisa com maior transparência este assunto, Toffler (1993) classifica os seis códigos ocultos em: padronização, sincronização, especialização, concentração, centralização, maximização.

Sem dúvida alguma, esses códigos devem ser decodificados no atual sistema educacional, para que, a partir de uma conscientização, os educadores possam refletir novas propostas para uma educação inovadora que objetive de fato, o bem-estar da humanidade, o equilíbrio do ecossistema natural e artificial.

Dentre vários paradigmas que compõem a visão de mundo

para projetos prospectivos para o século XXI, estão os 6 itens da Declaração de Veneza.

1º: "Estamos testemunhando uma importante revolução no campo das ciências, resultante das reflexões sobre ciência básica (em particular pelos progressos recentes da Física e da Biologia), das mudanças rápidas que elas ocasionam na lógica, na epistemologia e na vida diária, através de suas aplicações tecnológicas. Contudo, notamos que emerge do estudo dos sistemas naturais e dos valores que continuam a prevalecer na filosofia, nas ciências sociais e humanas, e na vida da sociedade moderna – valores amplamente baseados num determinismo mecanicista, num positivismo ou num niilismo para a sobrevivência da espécie."

2º: "O conhecimento científico, no seu próprio ímpeto, atingiu o ponto em que pode começar um diálogo com outras formas de conhecimento. Nesse sentido e mesmo reconhecendo as diferenças fundamentais entre ciência e tradição, vemos ambas em complementaridade e não em contradição. Este novo e enriquecedor intercâmbio entre ciência e as diferentes tradições do mundo abre as portas para uma nova visão da humanidade e mesmo para um novo racionalismo, o que poderia induzir a uma nova perspectiva metafísica."

3º: "Mesmo não desejando obter um enfoque global, nem estabelecer um sistema fechado de pensamento, nem inventar utopia, reconhecemos a necessidade premente de pesquisa autenticamente transdisciplinar através de uma dinâmica de intercâmbio entre ciências naturais, sociais, arte e tradição. Poderia ser dito que esse modo transdisciplinar é inerente ao nosso cérebro, através da dinâmica da interação entre seus dois hemisférios. Pesquisas conjuntas da natureza e da imaginação, do universo e do homem, poderiam nos aproximar da realidade e nos permitir um melhor enfrentamento dos desafios de nosso tempo."

4º: "A maneira convencional de ensinar ciências mediante uma apresentação linear do conhecimento não permite que se perceba o divórcio entre a ciência moderna e visões de mundo que estão hoje superadas. Enfatizamos a necessidade de novos métodos educacionais que levem em consideração o progresso científico atual, que agora entra em harmonia com as grandes tradições culturais, cuja preservação e estudo profundo são essenciais, a UNESCO deve ser a organização apropriada para promover essas idéias."

5º: "Os desafios de nosso tempo – o risco de destruição de nossa espécie, o impacto do processamento de dados, as implicações da genética, etc., – jogam uma luz sobre as responsabilidades sociais da comunidade científica, tanto na iniciativa quanto na aplicação de pesquisa. Embora os cientistas possam não ter controle sobre as aplicações das suas próprias descobertas, não poderão permanecer passivos quando confrontamos com usos impensados aquilo que descobriram. É nosso ponto de vista que a magnitude dos desafios de hoje exigem, por um lado, um fluxo de informações para o público que seja confiável e contínuo e, por outro, o estabelecimento de mecanismos multi e transdisciplinares, para conduzir e mesmo executar os processos decisórios."

6º: "Esperamos que a UNESCO considere esse encontro como um ponto de partida e encoraje mais reflexões do gênero, num clima de transdisciplinaridade e universalidade."

A Declaração de Veneza, foi assinada por pesquisadores de várias nações, em 1988. O representante do Brasil, foi o Professor Doutor Ubiratã D'Ambrósio – matemático-educador da Unicamp e da Unesp.

A necessidade de análise e implantação das propostas contidas na Declaração de Veneza, pode ser justificada por uma visão de mundo oriental, contida na obra de Capra (1982), de onde foram selecionados alguns princípios da visão sistêmica, visão holística e prospectiva.

A visão sistêmica se compõe dos seguintes pensamentos:
- Das moléculas às organelas, das organelas às células,
- Das células aos tecidos, dos tecidos aos órgãos,
- Dos órgãos aos aparelhos, dos aparelhos às pessoas,
- Das pessoas às famílias, das famílias às tribos,
- Das tribos às sociedades, das sociedades às nações,
- Das nações ao planeta Terra, do planeta Terra ao sistema solar, do sistema solar ao infinito.

Um dos grandes pensadores do século XX que teve destaque internacional na área da educação, foi o comunicólogo McLuhan e o médico Doutor Lauro de Oliveira Lima. Esses dois pensadores não eram professores e quem sabe, por essa razão, souberam analisar, criticar e propor um novo comportamento professor-aluno, coerente com o tipo de aprendizagem para o século XXI.

Algumas de suas frases mais usuais devem ser analisadas e relacionadas com a realidade educacional a fim de servirem também de argumentos para as propostas metodológicas educacionais. Pois haverá um dia em que as crianças aprenderão muito mais e muito rapidamente em contato com o mundo exterior do que no recinto da escola.

E agora, por onde começar?

Por onde começar é a primeira indagação que vem em nossas mentes no início de qualquer reflexão. Evidentemente, para tudo tem um começo, um meio e um fim e a relação entre essas três fases, depende da metodologia que determinamos.

Certa vez, li em um artigo: "O que é conhecido, não é necessário ser novamente aprendido".

Partindo desse princípio, vamos procurar, com nossos alunos, conhecer algo que de fato seja desconhecido e de interesse do aluno. Iniciaremos pelo método da investigação, da observação e da decodificação do não-verbal.

Evidentemente, o hábito de ver as coisas, faz com que achemos tudo homogêneo. Necessitamos, em princípio, observar ao nosso redor. A seguir, destacar e enfatizar um problema. A partir desse problema enfatizado, veremos o ambiente não mais homogêneo, mas sim, heterogêneo.

Na fase intermediária da pesquisa, vamos relacionar os índices do problema enfatizado por meio de dois eixos: similaridade e contiguidade.

Finalmente, teremos os argumentos para definir um novo conhecimento adquirido de forma sistêmica, contextual, holística, que nos darão condições, de aplicar esses conhecimentos nos projetos inovadores da escola, com visão prospectiva.

1. Observando os produtos de limpeza diária

Comecemos por observar os produtos de higiene, de uso pessoal do nosso dia-a-dia, como pasta de dentes, sabonete, shampoo, creme para mãos, creme para cabelos, creme para barbear, etc.

Passemos a observar os produtos de limpeza de uso diário em nossas casas, como sabão em pó, sabão em pedaço, água sanitária, desinfetante, etc.

Por que não aprendemos como se faz tais produtos?

Se estes produtos são de nossas primeiras necessidades no estilo de vida contemporâneo, por que temos que ser dependentes das indústrias por meio dos supermercados?

Evidentemente, são produtos simples de serem fabricados e portanto fáceis de serem analisados tanto os elementos que os compõem, como as reações químicas provenientes de suas misturas.

A disciplina Ciências (Química) seria muito mais motivadora se os alunos pudessem, com esse tipo de estudo prático-teórico, serem cooperantes em suas próprias casas, fazendo esses produtos para consumo próprio ou até mesmo para vendê-los para a sua vizinhança, iniciando uma nova fonte de renda para o sustento da casa.

A disciplina Matemática poderia analisar comparativamente os produtos industrializados e os feito pelos alunos, para chegar a soluções mais econômicas para cada caso: comprar no comércio da cidade ou fazer em sua própria casa.

A disciplina Desenho poderia reaproveitar as embalagens descartáveis (embalagens de plástico, de vidro, etc.) e projetar com os alunos, uma nova programação visual para não mais jogá-las ao lixo, e aproveitá-las para embalar os produtos de limpeza.

Afinal, embalagem é um produto que compramos com outro para descartarmos no lixo doméstico. É um desperdício!

O desenvolvimento da prática de reaproveitamento das embalagens descartáveis pode ser uma atividade para embalar os produtos fabricados pelos próprios alunos, mas pode também ser uma atividade lucrativa para o aluno, iniciando uma empresa de embalagens recicladas e personalizadas, para servir a outras micro-empresas de produtos de limpeza.

2. Observando os produtos alimentícios

Passemos a observar os produtos da nossa mesa do café da manhã, nela temos pão, margarina, queijo, manteiga, geléia, etc.

Agora, os alimentos em conserva que compõem nossa alimentação diária: frutas em conserva, legumes em conserva, molhos em conserva, entre outros. Uma grande quantidade de produtos diferentes, enlatados. Muitas de nossas crianças não vêem nada disso em suas casas, por não terem condições de comprarem.

Novamente, somos dependentes das indústrias alimentícias, por meio dos supermercados. Como produzir tais alimentos que na realidade são tão simples? Como estocar as frutas e os legumes durante a época da safra, quando estão mais baratos, para serem consumidos durante o ano?

Geralmente, os produtos hortifrutigranjeiros têm custo muito baixo em suas épocas certas de colheita, mas durante o resto do ano seus preços sobem e muitas vezes esses produtos nem são encontrados para o consumo.

Outra análise pode ser feita sobre o desperdício dos produtos hortifrutigranjeiros, que por serem perecíveis, em pouco tempo começam a deteriorar, deixando de serem consumíveis. Uma conscientização sobre esse tipo de produção, seria útil para a economia dos proprietários de pequenas propriedades agrícolas que poderiam ter subprodutos de diferentes tipos sendo produzidos durante todo o ano e podendo ser comercializados no setor urbano. Os professores da disciplina Ciências (biológica e química) desenvolveriam durante suas aulas, a análise dos ingredientes necessários (valores das propriedades alimentícias, como: tipos de vitaminas, proteínas, etc.) e também da tecnologia mais adequada para cada tipo de produto, seguindo de aulas práticas, experimentando como conservar os mais diferentes produtos alimentícios.

Os professores da disciplina Matemática poderiam analisar comparativamente os produtos industrializados e os feito pelos alunos, para chegarem a soluções mais econômicas para cada caso: comprar no comércio da cidade ou fazer em sua própria casa?

Os professores das outras disciplinas como: História, Geografia, Educação Artística, etc. poderiam integrar os conhecimentos específicos, para estudarem com os alunos toda a contextualização da produção dos diversos tipos de alimentos. De que cultura pertencem determinados alimentos? Quais as suas procedências? Por exemplo, por que determinados tipos de agricultura só se desenvolvem em climas frios e outros em climas quentes, outros em climas úmidos?

As áreas de produção dos hortifrutigranjeiros, podem ser mostradas aos alunos, por meio do mapa do Brasil. Informações sobre essas áreas, poderão ser colhidas na Casa da Lavoura, no CEASA, etc. Os conhecimentos sobre os produtos alimentícios devem e podem ser desenvolvidos por meio da investigação em suas próprias cidades. Se compramos nos supermercados, basta ir até o setor de compras para nos informarmos sobre a procedência dos produtos da época.

Cultivar hortas e pomares domésticos são hábitos que não são desenvolvidos nas cidades, mas podem ser iniciados nas escolas! Existem vasos de flores, caixas de água e outros reservatórios que podem ser adaptados para o plantio das mais diferentes qualidades de frutas, legumes e hortaliças, que poderão servir também de ornamento.

A disciplina Desenho poderia reaproveitar as embalagens

descartáveis (embalagens de plástico, de vidro, etc.) e projetar com os alunos, uma nova programação visual para não mais jogá-las ao lixo, usando-as para embalar os produtos em conserva.

Afinal, embalagem é um produto que compramos com outro para descartarmos no lixo doméstico. É um desperdício!

O desenvolvimento da prática de reaproveitamento das embalagens descartáveis, pode ser uma atividade para embalar os produtos fabricados pelos próprios alunos, mas pode também ser uma atividade lucrativa para o aluno, iniciando uma empresa de embalagens recicladas e personalizadas, para servir a outras micro-empresas de produtos em conserva.

3. Observando o lixo sólido doméstico urbano

O lixo sólido urbano é composto de uma parte orgânica e outra parte inorgânica. A parte orgânica compreende de restos de alimentos, cascas de frutas, etc. A parte inorgânica compreende a mistura de vários materiais, como o vidro, o plástico, o metal e o papel. Na sua grande maioria, esses materiais são provenientes de embalagens de produtos industrializados.

4. As embalagens dos produtos

Observando agora as diferentes embalagens desses produtos industrializados que na sua grande maioria são descartáveis após pouco tempo de uso. A embalagem é um produto industrial que compramos para ser jogada no lixo.

Refletindo sobre esse objeto (embalagem), podemos detectar os problemas e também as potencialidades do mesmo.

Problemas:
- É um desperdício tanto de matéria-prima como de dinheiro

quando essas embalagens são simplesmente jogadas no lixo para serem levadas aos aterros sanitários, aos depósitos a céu aberto, aos rios ou aos incineradores.

• O simples fato de acumularmos essas embalagens nesses locais faz com que aumente a poluição ambiental, tanto na terra como na água (dos rios e dos lençóis freáticos), como também no ar (quando são queimados ou quando expelem gazes).

• A natureza é feita de recursos renováveis e não renováveis. As embalagens de metal, de vidro, de plástico, são feitas de recursos naturais não renováveis e, portanto, o seu uso descontrolado produz a escassez absoluta.

• Mesmo as embalagens de papel, cuja matéria-prima é renovável, deve ser reaproveitada, pois qualquer recurso renovável quando usado em demasia, também produz a escassez, devido ao tempo que o sistema natural necessita para equilibrar-se, isto é, para fazer as devidas reposições. Evidentemente, o papel está ligado à vegetação de nosso planeta, responsável pela nossa qualidade de ar e de água, portanto, de vida.

• A grande parte das embalagens provêm do lixo doméstico, após a implantação de supermercados nas regiões urbanas. Evidentemente, em nosso sistema de vida atual, é quase impossível atender todas as nossas necessidades de consumo sem adquirirmos embalagens. Por essa razão, temos que pensar em como resolver esse problema, sem criar novos problemas.

Potencialidades:

A conscientização ambiental por parte das donas de casa e dos estudantes nas escolas de primeiro e de segundo graus, fará com que desapareça o lixo doméstico da cidade.

• Lixo é apenas a mistura de diferentes matérias-primas!

• A separação dos resíduos domésticos de acordo com seus diferentes tipos de matérias-primas e o recolhimento dessas matérias-primas em diferentes dias da semana pelos caminhões da prefeitura, por escolas ou por entidades filantrópicas (de acordo com as necessidades e características filantrópicas de cada local ou região), fará com que essas embalagens tenham os mais diferenciados destinos.

• As escolas de primeiro e de segundo graus, por sua vez, poderiam fazer programas anuais, onde o problema do lixo fosse analisado (para a conscientização dos estudantes por meio de todas as disciplinas) e ao mesmo tempo, fossem feitos projetos de reaproveitamento das mesmas (por meio de programas interdisciplinares, onde a disciplina Desenho ficasse incumbida da parte de programação visual para a reutilização dessas embalagens para outros produtos ou para o desenho de novos produtos usando a matéria-prima dessas embalagens).

• A parte administrativa das escolas de primeiro e de segundo graus, cuidaria do encaminhamento dessas embalagens para indústrias de transformação, revertendo assim em:

* Benefícios econômicos (para aplicar em melhorias e conservação do ambiente escolar).

* Benefícios ambientais (pois estaria contribuindo para o desaparecimento do lixo sobre a superfície do planeta Terra).

* Retardamento da escassez da matéria-prima natural do meio ambiente natural.

• A parte orgânica poderia ser destinada a lugares adequados (indústrias de tratamento de lixo) para ser transformada em adubos orgânicos (por meio de processos de compostagem) e assim voltar novamente à natureza através da agricultura.

• Nas escolas de primeiro e de segundo graus, de acordo com os programas interdisciplinares, essa parte do lixo sólido orgânico também poderia ser aproveitada pelos alunos nas aulas de ciências para aprenderem como fazer adubo orgânico e como aplicá-lo em hortas experimentais.

• A disciplina de Ciências poderia ainda desenvolver projetos de como evitar desperdícios dos alimentos, pesquisando todos os estudos já realizados na área para o aproveitamento da parte complementar das frutas e dos legumes (folhas, talos, cascas, etc.) que contêm grande quantidade de vitaminas e sais minerais importantes na alimentação diária. Com isso, estaríamos desenvolvendo o hábito da pesquisa e da valorização dos alimentos, da economia e não mais o hábito do desperdício (devido à ignorância) que ocasiona a escassez do dinheiro no orçamento da casa.

Evidentemente, essas potencialidades desenvolvidas nas escolas, poderiam ser desenvolvidas por qualquer outra entidade filantrópica, ou até mesmo particulares e empresas.

O objetivo é não aumentar mais a escassez dos recursos renováveis e não renováveis da Terra e ao mesmo tempo, não poluir o nosso meio ambiente. Atendendo a esses objetivos, estaremos contribuindo para que nossas cidades sejam auto-sustentáveis.

5. Observando o mobiliário doméstico em desuso

É comum na nossa cultura, as famílias trocarem os móveis domésticos por outros mais novos ou mais modernos. Essa prática, apesar de não ser uma constante nas famílias, acontece dentro de um espaço de tempo, ocasionando determinados tipos de problemas.

Passaremos agora a analisar os problemas e depois as potencialidades dos mobiliários.

Problemas:

Os objetos "mobiliários domésticos" enquanto estão em uso, são objetos úteis, mas quando entram em desuso, passam a ocupar espaços inadequados dentro do espaço doméstico.

É nesse momento que esses objetos passam a receber o nome de resíduo sólido doméstico. Seja qual for o lugar em que esteja colocado dentro ou fora da casa, sempre se tornará um incômodo para os moradores da casa.

Para que esse problema seja resolvido, geralmente os moradores das casas tomam duas decisões: a primeira solução (encaminhamento para bazares de pechincha) pode até ser uma potencialidade, pois poderá ser novamente útil numa outra residência carente, em pouco tempo.

A segunda solução (encaminhamento para lojas de móveis usados) também poderá ser uma potencialidade, se pensarmos no preço mais acessível pelos quais serão revendidos aos outros usuários de baixa renda.

O problema é que, geralmente, esses mobiliários em desuso, estão desgastados pelo uso e muitas vezes até quebrados. Nesse caso, os problemas que antes eram do primeiro proprietário passam para os usuários de baixa renda e o que é pior, esses problemas são comprados!

Os mobiliários quando são vendidos para as lojas de móveis usados, geralmente não são reciclados ou reformados. No máximo, são consertados o que vem desvalorizar mais ainda o mobiliário, além de desvalorizar a própria loja que mostra sempre um ambiente desorganizado, sem a mínima coerência formal necessária para uma harmonia ambiental.

Os cursos de Desenho Industrial do terceiro grau, deveriam desenvolver uma disciplina específica para o reaproveitamento do mobiliário usado e também da valorização das lojas de móveis usados e não apenas as disciplinas que estimulem a criação de móveis com matérias-primas vindas diretas do meio ambiente natural (madeira, ferro, sintéticos, etc.).

Agindo dessa forma, estaremos retardando o desmatamento e a escassez de matérias-primas não renováveis. Além disso, estaremos contribuindo para que a cidade seja auto-sustentável nesse setor.

Objetivos básicos:
Móveis foram criados objetivando:

• Conforto (por meio da adaptabilidade ao espaço interno da casa e ao atendimento das necessidades dos usuários).

• Harmonia estética (por meio da coerência formal entre todos os demais mobiliários da casa).

• Evitar o desconforto (ocasionado pela inadequação do mobiliário ao espaço interno ou então por não atender de fato às necessidades específicas do usuário).

Potencialidades:

Em primeiro lugar, podemos observar o conteúdo da disciplina Desenho das escolas de primeiro e segundo graus. Notaremos que não contêm qualquer tipo de projeto de Desenho Industrial.

Tratando-se de mobiliários domésticos, os professores de Desenho poderiam começar a desenvolver nos alunos o interesse pelo Desenho Industrial, motivando-os a procurarem em suas casas, peças de mobiliário que não têm coerência formal ou que estão em desuso.

Por meio do desenho em perspectiva paralela, os alunos representariam as peças dos mobiliários encontrados em suas casas. Sobre essas perspectivas, desenhariam as modificações necessárias para o seu melhor uso funcional. Essas modificações poderiam ser por meio de:

• Aplicação de cores ou de desenhos sobre sua superfície, não modificando a sua estrutura tridimensional.

• Projeto de reforma da peça, modificando a sua estrutura tridimensional, acrescentando ou subtraindo elementos.

• Evidentemente é muito difícil ensinar as técnicas de marcenaria ou de pintura específica para móveis, nas dependências das escolas de primeiro e segundo graus, pois as pesquisas anteriormente realizadas, mostraram que não existem laboratórios para qualquer tipo de atividade.

• Se o aluno souber projetar, o professor poderá orientá-lo

como procurar as informações necessárias, fazendo estágios em indústrias de móveis da cidade ou em oficinas especializadas.

• A escola deve se completar com a comunidade e o aluno deve sentir que existe uma íntima integração entre o ensino formal e o informal e deve saber onde procurar as informações, onde pesquisar.

• O professor da disciplina de Matemática poderia se integrar nesse projeto, desenvolvendo com os alunos uma análise de economia, verificando quanto gastaria para o aluno comprar um mobiliário do mesmo tipo e função, vendendo a antiga peça para lojas de móveis usados ou doando para entidades filantrópicas. Verificar com os alunos em quanto ficaria uma reforma desse mobiliário, sendo computados todos os materiais necessários e tempo de serviço.

• O professor da disciplina de Geografia poderia se integrar nesse projeto, analisando com os alunos, por meio de mapas cartográficos, gráficos, esquemas, fluxogramas, e outros tipos de desenhos, as procedências das matérias-primas utilizadas nos mobiliários e os problemas relacionados com essas matérias-primas ao sistema natural e ao sistema econômico no caso do abuso e escassez.

Poderia ser analisado por meio de mapas cartográficos, gráficos, esquemas, fluxogramas, e outros tipos de desenhos:

• Distância do local de origem da matéria-prima até o local onde está sendo produzida a matéria transformada.

• Distância entre a indústria de transformação até a indústria de produção do mobiliário.

• Distância da indústria de produção até o local comercial onde é vendido para o consumidor.

Os professores da disciplina Desenho poderiam integrar-se nesse projeto, para desenvolverem com os alunos gráficos ilustrativos sobre toda a trajetória da matéria-prima do meio ambiente natural, passando para as indústrias de transformação, de produção, pelos transportes e tipos de transportes, pelos locais de venda, utilização do mobiliário pelo usuário e destino desse mobiliário no momento em que entra em desuso.

Objetivo:

Acreditamos que dessa forma estaremos conscientizando nossas crianças por meio de uma visão interdisciplinar, holística e prospectiva, sobre os problemas e sobre as potencialidades relacionadas com esse objeto de primeira necessidade que é o mobiliário.

6. Observando nossos vestuários

Problemas:

Um dos objetos de primeira necessidade é o nosso vestuário. Novamente o ensino nas escolas de primeiro e segundo graus se abstêm de tocar nesse assunto, como se o ensino e a análise sobre esse assunto, não fosse um tipo de ensino como outro qualquer.

Se as nossas roupas são necessárias para a nossa vida em sociedade, temos que conhecer algo sobre elas!

Não precisa fazer grandes pesquisas para percebemos que a nossa sociedade é dependente do sistema industrial. Basta olharmos para as pessoas das mais diferentes idades, nas ruas da cidade, para verificarmos por meio do bom senso, que dificilmente encontraremos roupas não industrializadas.

Os jovens, principalmente, procuram roupas com grifes e "modismos" com preços altíssimos, que não correspondem de forma alguma ao valor da mercadoria. Os preços são referentes aos valores das etiquetas. Compramos nossas roupas prontas e pagamos os valores das etiquetas porque não aprendemos como fazer a modelagem mais simples de nossas roupas durante os anos escolares. Não fomos conscientizados dos valores reais dos produtos comprados. As escolas de primeiro e segundo graus, jamais se preocuparam com esse assunto de real importância, deixando-o a cargo dos meios de comunicação em massa, ou seja, da indústria cultural.

Todo esse "quadro" sintetiza problemas relacionados com:

• Desperdício de vestuário quando esse é colocado em desuso por não acompanhar os "modismos" indicados pela "indústria cultural".

• Desperdício de dinheiro, quando os objetos são relacionados com os valores impróprios de etiquetas.

• Dependência do sistema industrial e comercial pelo desconhecimento das técnicas mais simples de costura.

• Desperdício de matéria-prima nas indústrias de produção, quando não são aproveitados os retalhos que sobram após os cortes dos tecidos.

Potencialidades:

Esse assunto está intimamente ligado aos sistemas: histórico-cultural, econômico-social e físico-ambiental (natural e urbano).

Por essa razão podemos desenvolver um projeto interdisciplinar nas escolas de primeiro e segundo graus, partindo da análise e chegando ao projeto.

Os professores de História, Português e Educação Artística, poderiam desenvolver com os alunos, pesquisas sobre:

• Os vestuários durante toda a história da humanidade, em diferentes locais e épocas, enfatizando as diferentes sociedades e culturas.

• Os vestuários folclóricos no Brasil.

• A influência da indústria cultural na época atual, enfatizando o problema da identidade cultural.

Objetivos:

Acreditamos que desta forma, os alunos estariam sendo conscientizados, por meio da problematização, sobre o tipo de ensino informal que eles recebem diariamente por intermédio dos meios de comunicação de massa e quais os seus reais objetivos.

Os professores de Ciências, Geografia, Matemática e Desenho, poderiam analisar com os alunos:

- As matérias-primas utilizadas na fabricação dos mais diferentes tecidos.
- Toda a trajetória dessas matérias-primas desde o meio ambiente natural, passando pelas indústrias de transformação (onde são fabricados os fios), indo para as indústrias de produção (onde são fabricados os tecidos), passando pelas indústrias de confecção (onde são confeccionados os vestuários), chegando até as lojas de comércio e finalmente ao usuário.
- É importante analisar quanto tempo este vestuário fica em uso, e quando está em desuso, analisar o por quê se deixou de usá-lo.

Com isso, estaremos conscientizando nossos estudantes sobre os problemas relacionados com:

- A escassez da matéria-prima no nosso meio ambiente natural.
- A inadequação do uso de matérias-primas naturais ou de matérias-primas transformadas e mesmo de produtos, devido à distância do local em que são produzidos e o local onde são consumidos.
- O alto preço que tudo isso provoca ao valor final do produto.

O professor de Desenho orientaria os alunos como fazer as modelagens de nossas roupas, por meio do sistema de medidas, do Desenho Geométrico e do Desenho Técnico.

- Poderíamos mostrar que a modelagem de confecções nada mais é que uma parte do Desenho Técnico e que com esse conhecimento, podemos fazer outros desenhos de modelagens de superfícies como bolsas, sapatos, complementos variados de vestuário. Além disso, com esse conhecimento, podemos fazer novos revestimentos para os nossos mobiliários (sofás, poltronas, camas, cortinas, etc.).

• Basta saber medir com precisão, criar formas planificadas com precisão e montar com precisão!

• A tecnologia da costureira poderia ser pesquisada pelos alunos em suas próprias casas com suas mães ou mesmo com costureiras, alfaiates, tapeceiros que residem no setor escolar.

Os estudantes certamente ficarão motivados para a pesquisa de conhecimentos nessa área.

7. Observando os pequenos serviços em nossa casa

Muitos de nossos projetos poderiam ser desenvolvidos interdisciplinarmente, não apenas objetivando coisas para o nosso consumo diário, ou objetos para serem utilizados em nossas necessidades diárias, mas também objetivando serviços.

Evidentemente, tanto as coisas e objetos de nossas primeiras necessidades como os serviços de nossas primeiras necessidades, referem-se aos bens e serviços que não requerem uma tecnologia complicada nem complexa e tampouco que requeiram maquinários específicos e caros para desenvolver qualquer desses projetos.

Como podemos observar, tratam-se de projetos que levam à análise crítica e comparativa e também que mostram como as pessoas podem ser cooperantes com o mínimo de conhecimento específico.

8. Observando os objetos elétricos em nossa casa

Podemos, por exemplo, analisar as tomadas de luz ou os

interruptores quebrados em nossas casas. As resistências dos ferros elétricos ou dos chuveiros que estão queimadas.

São consertos fáceis de se fazer, porém não são ensinados na escola, ficando muitas vezes a dona de casa dependente de eletricistas profissionais para fazer tais consertos que poderiam ser resolvidos com facilidade por qualquer pessoa da casa, se os mesmos tivessem esse ensinamento nas escolas de primeiro e segundo graus.

Um projeto interdisciplinar desse tipo, poderia ser desenvolvido pelos professores das disciplinas Ciências, Matemática, Geografia e Desenho, da mesma forma como foram desenvolvidos nos demais projetos.

O professor da disciplina de Ciências desenvolveria com os alunos, conhecimentos sobre a parte da Física, da energia elétrica.

O professor da disciplina de Geografia, analisaria com os alunos, por meio de mapas cartográficos, fluxogramas, etc., quais os percursos dessas energias para atender as necessidades do Brasil, bem como quais os problemas e as potencialidades relacionados com as grandes usinas hidrelétricas.

O professor da disciplina de Matemática, estudaria com os alunos, problemas reais relacionados com a energia que se gasta no Brasil, e relacionados com a energia que gastamos em casa, além das orientações de como evitar o desperdício de energia elétrica.

O professor de História, poderia desenvolver pesquisas sobre a evolução da energia utilizada pela humanidade.

O professor da disciplina de Desenho, orientaria os alunos sobre como poderiam ser desenhados os fluxogramas, os mapas cartográficos, as localizações das usinas hidrelétricas, que ilustrariam as aulas das demais disciplinas.

Poderia também desenvolver o Desenho Técnico dos objetos que estão sendo consertados, como por exemplo: tomadas de luz, interruptores, chuveiros, ferros elétricos, etc.

Ao concluir estas reflexões quero me lembrar de Paulo Freire e seu projeto comum de tarefa solidária de educadores e educandos, pois a educação deve ser vivenciada como uma prática concreta de libertação e de construção da História. E aqui devemos ser todos sujeitos solidários nesta tarefa conjunta, único caminho para a construção de uma sociedade na qual não existirão mais exploradores e explorados, dominantes doando sua palavra opressora a dominados.

Referênicas Bibliográficas

ADORNO, T. et alli. (1970). *Humanismo e comunicação de massa.* Rio de Janeiro, Tempo Brasileiro.
Secretaria do Meio Ambiente do Estado de São Paulo (1997). *Agenda 21* – CD - ROM.
APOLINAIRE, G. (1970). *Poesie.* slp.
BOFF, L. (1998). *O despertar da águia.* Petrópolis, Vozes.
BOFF, L. (2000). *Depois de 500 anos que Brasil queremos?* Petrópolis, Vozes.
BOFF, L. (1999). *Saber cuidar.* Petrópolis, Vozes.
BRUNER. (1980). *Hacia una teoria de la instruccion.* 4.ed. Cuba, Ediciones Revolucionarias.
CAMPOS, J. L. (1997). *Do simbolismo ao virtual.* São Paulo, Perspectiva.
CASSIRER, E. (1992). *Linguagem e mito.* São Paulo, Perspectiva.
CAPRA, F. (1982). *O ponto de mutação.* São Paulo, Cultrix.
CAPRA, F. (1996). *A teia da vida.* São Paulo, Cultrix.
CASTAÑEDA, C. (1970). *A erva do diabo.* São Paulo, Nova Era.
CLARKE, A. (1982). *Children's end.* Ballantine, Londres.
CREMA & BRANDÃO, D. M. S. (1991). *Visão holística em psicologia e educação.* São Paulo, Summus.
COLEÇÃO OS PENSADORES. (2000). *A história da filosofia.* Rio de Janeiro, Nova Cultura.
_____. (2000). *Pré-Socráticos.* Rio de Janeiro, Nova Cultura.
_____. (2000). *Platão.* Rio de Janeiro, Nova Cultura.
_____. (2000). *Sócrates.* Rio de Janeiro, Nova Cultura.
CULLUM, A. (1980). *The geranium on the window still has just died, but teacher you went right on.* Minesota, Harlin Quist Books.
FERRARA, L. (1993). *Leitura sem palavras.* 3. ed. São Paulo, Ática.
FERRIÈRE, A. (1920). *Transformons l'école.* slp.
FOLHA DE SÃO PAULO. (1995). Caderno de Educação. Gênios pregam purificação da raça. 15/1, p.2
_____. (1995). Caderno de Educação. *Mudança de currículo para o século XXI.* 11/2, p.2.
_____. (1998). Caderno de Educação. Brincriança. 11/2, p.1.
FREIRE, P. (1987). *Pedagogia do oprimido.* Rio de Janeiro, Paz e Terra.
FROMM, E. (1963). *Psicanálise da sociedade contemporânea.* Rio de Janeiro, Zahar Editores.
HANEY, C. e ZIMBARDO, P. (1986). *Humane prisions.* David James Edition, USA.
HART, L. (1990). *Human brain and human learning.* slp.
HOSSEINI, K. (2003). *O caçador de pipas.* Rio de Janeiro, Nova Fronteira.
HUNTER, J. C. (1998). *O monge e o executivo: uma história sobre a essência da liderança.* Rio de Janeiro, Sextante.
HUXLEY, A. (1982). *Admirável mundo novo.* Harpercollins, USA.

JOHNSON, E. M. D. (2001). *Quem mexeu no meu queijo?* Rio de Janeiro, Record.
JOHNSON, E. M. D. (2002). *O presente precioso.* Rio de Janeiro, Record.
KRIPPNER, S. (1976). *Energies of consciousness.* Routledge, USA.
KEITH, K. M. (2003). *Faça a coisa certa apesar de tudo.* Rio de Janeiro, Record.
KOZOL, J. (1988). *Death at an early age.* Plume, USA.
LAKATOS, M. N. (1992). *Metodologia do trabalho científico.* 4. ed. São Paulo, Atlas.
LARA, X. (2003). *Trabalho, educação, cidadania.* Rio de Janeiro, Mauad Editora.
LIBÂNEO, J. C. (1998). *Adeus professor, adeus professora? Novas exigências educacionais e profissão docente.* São Paulo, Cortez.
LOUREIRO, M. A. (1991). *A educação para o século XXI: uma sociedade prossumista.* São Paulo, Faculdade de Arquitetura e Urbanismo. USP. 22p.
LUFT, L. (2004). *Perdas & Ganhos.* Rio de Janeiro, Record.
MCINNIS, N. e WATSON, L. (1960). *Gift of unknown things.* Coronet Books, USA.
MCLUHAN, M. (1996). *Os meios de comunicação de massa.* Trad. Décio Pignatari. São Paulo, Cultrix.
MEEKER, J. (1995). *Strong fathers, strong daughters: 10 secrets every father should know.* Reginery Pub, USA.
NÓVOA, A (org.) (1992). *Os professores e a sua formação.* Lisboa, Dom Quixote.
PAPERT, S. (1985). *Logo: computadores e educação.* São Paulo, Brasiliense.
POSTMAN, N. e WEINGARTNER,C. (1985). *Teaching as a subversive activity.* Dell, USA.
REZENDE & FUSARI, M.F. (1990). *Meios de comunicação na formação de professores: televisão e vídeo em questão.* Dissertação de doutorado apresentado no Instituto de Psicologia da Universidade de São Paulo. São Paulo.
ROGERS, C. R. (1982). *Tornar-se pessoa.* 6. ed. Lisboa, Moraes Editores.
SACHS, I. (1986). *Ecodesenvolvimento: crescer sem destruir.* São Paulo, Vértice.
SCHULTZ, C. (1977). *Peanuts.* slp.
SEYMOUR, P. (1994). *A máquina das crianças: repensando a escola na era da informática.* Porto Alegre, Artes Médicas.
SKINNER, B. F. (2003). *Ciência e comportamento humano.* São Paulo, Martins Fontes.
STORN, H. (1996). *Seven arrows.* Ballantine, Londres.
TAHAN. M. (2002). *O homem que calculava.* 58. ed. Rio de Janeiro, Record.
TEILHARD DE CHARDIN, P. (2001). *Fenomeno humano.* Sao Pulo, Cultrix.
TOFFLER, A. (1993). *A terceira onda.* 19. ed. Trad. João Távora. Rio de Janeiro, Record.
THOMPSON, W. (1990). *The edge of history.* slp.

LEIA DA EDITORA HORIZONTE

Cartas a Victor Hugo, de Louise Michel

Cartas da juventude, da vida adulta e da maturidade, enviadas da grande educadora e revolucionária francesa Louise Michel, para aquele que ela considerava o maior escritor da França, seu grande mestre Victor Hugo.

Por meio das cartas da juventude entendemos muitas das atitudes de Louise Michel na vida adulta. Era filha bastarda, por isso amava os pobres, proletários e exclusos da sociedade. Foi educada pela "avó", proprietária do castelo onde sua mãe trabalhava como empregada, que fez questão de incluir na educação de Louise Michel liberdade para correr nos campos e aprender nele as ciências naturais, e leitura de grandes romancistas para falar e escrever com perfeição o francês. Por isso, aperfeiçoou os métodos de sua avó e os aplicou, após o magistério, em centenas de alunos, formando um exército de cidadãos, que souberam buscar a igualdade, liberdade e fraternidade.

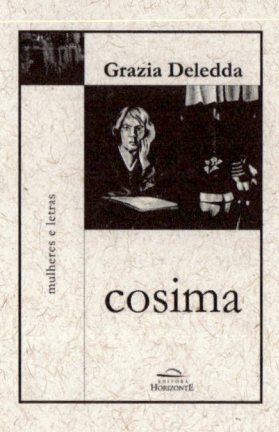

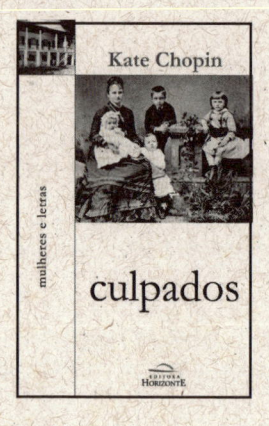

Conheça também os livros da coleção Mulheres e Letras.

Cosima, de Grazia Deledda, é a biografia romanceada dessa que foi uma das poucas mulheres a vencer o Prêmio Nobel de Literatura em 200 anos.

Culpados, de Kate Chopin, um romance envolvente que trata do divórcio, do alcoolismo, enfim, tenta responder a célebre questão de Freud "Que querem as mulheres?".

Saiba mais sobre os livros da Editora Horizonte em
www.editorahorizonte.com.br